Mujeres conforme al corazón de Dios

Regina Torres Ayala

MUJERES CONFORME AL CORAZÓN DE DIOS

Editado por: Corporación Ígneo, S.A.C.
para su sello editorial Ediquid
José Olaya 169, Ofic. 504, Miraflores. Lima, Perú
Primera edición, diciembre, 2024

ISBN: 978-612-5160-96-6
Tiraje: 50 ejemplares

Hecho el Depósito Legal en la Biblioteca Nacional del Perú N° 2024-10959
Se terminó de imprimir en diciembre de 2024 en:
ALEPH IMPRESIONES SRL
Jr. Risso Nro. 580 Lince, Lima

www.grupoigneo.com
Correo electrónico: contacto@grupoigneo.com | Teléfono: +51 955 071 270
Facebook: Grupo Ígneo | X: @editorialigneo | Instagram: @grupoigneo

Colección: Integrales

Contenido

Introducción

¿Quiénes son las mujeres conforme al corazón de Dios? ¿Acaso ese adjetivo solo lo usó Dios para calificar el corazón de David? Si así fuera, entonces «mujeres conforme al corazón de Dios» podría tratarse de una jactancia y mejor sería no escribir sobre esto. Sin embargo, dicho argumento no es correcto porque en el segundo libro de Pedro, capítulo 1, verso 19 (NTV)[1], el Señor nos enseñó que debemos prestar mucha atención a lo que escribieron los profetas, porque sus palabras son como una lámpara que brilla en un lugar oscuro hasta que el día amanece y Cristo, la estrella de la mañana, brille en nuestro corazón. Así evita que los prejuicios religiosos nos enturbien e impidan que pensemos y creamos en toda la dimensión de lo que Jesús ya hizo por nosotras con su muerte y resurrección, y que tampoco estorben al atesorar dicha realidad en nuestros corazones.

De igual modo, en 2 Pedro 1:5 (NVI), el apóstol instruye a los creyentes para que se esfuercen en añadir a su fe, virtud. Esto significa adornar la fe con pensamientos justos y verdaderos, que después se volverán creencias centrales en nuestros corazones, en conformidad con todo lo que Dios piensa de nosotras, gracias a lo que hizo Jesús en la cruz.

De manera que *Mujeres conforme al corazón de Dios* es una oportunidad divina para aprender lo que significa tener un corazón conforme al de Dios y cómo se puede caminar con esa convicción para seguir edificándolo. Esto porque la instrucción del rey Salomón, en Proverbios 14:1 establece que lo primero que una mujer sabia edifica es su casa; es decir, su corazón, pues

[1]Las citas y referencias bíblicas provienen de las versiones Nueva Traducción Viviente (NTV), Nueva Versión Internacional (NVI), y Reina Valera revisión 1960.

la palabra *casa* también significa 'corazón' en hebreo, para que desde allí brille todo lo que representa el trabajo terminado en la cruz. Asimismo, el ser adornado siempre con pensamientos de fe acerca de los beneficios de dicho evento evitará que la mujer dañe su corazón ella misma; como también enseña dicho proverbio cuando advierte que, si se conduce como necia, tiene la capacidad para autodestruirse y afectar a los que la rodean.

Así pues, citaremos como muestra a David, un hombre conforme al corazón de Dios, como se dice en Hechos 13:22 (NTV):

> Pero Dios quitó a Saúl y lo reemplazó con David, un hombre de quien Dios dijo: «He encontrado en David, hijo de Isaí, a un hombre conforme a mi propio corazón; él hará todo lo que yo quiero que haga».

David, un hombre creyente cuya vida narra el Antiguo Testamento, tipifica a todo hombre y mujer que han nacido de nuevo en Cristo Jesús y lo reciben en su corazón. Es evidente que la obediencia en la que se caminó fue solo producto de su fe en el Señor antes de su primera venida, así como la que se atribuye a los cristianos que hemos creído también en el Señor, pero ahora después de su resurrección.

De tal manera que una mujer que ha sido bautizada, es decir, sepultada con Jesús y resucitada con Cristo, tiene la naturaleza de Dios y ya piensa en su corazón como **ÉL**. Además de que, al ver su corazón, el Padre celestial está viendo al mismo tiempo el de su hijo Jesucristo debido a que el único que prueba el corazón es Dios, como dice en Proverbios 17:3 (NTV).

Por lo tanto, las mujeres conforme al corazón de Dios son todas las creyentes que han recibido a Jesús en su corazón como Señor y Salvador, y que piensan y hablan como Dios. David lo hizo, pensaba como Dios y hablaba como Dios.

Capítulo 1

Un corazón conquistador conforme al de Dios

David, un joven hebreo, desafió al gigante Goliat al pensar y hablar como Dios. En 1 Samuel 17:45-47 (NTV) está escrito:

> David le respondió al filisteo:
>
> —Tú vienes contra mí con espada, lanza y jabalina, pero yo vengo contra ti en el nombre del Señor de los Ejércitos Celestiales, el Dios de los ejércitos de Israel, a quien tú has desafiado. Hoy el Señor te conquistará, y yo te mataré y te cortaré la cabeza. Y luego daré los cadáveres de tus hombres a las aves y a los animales salvajes, ¡y todo el mundo sabrá que hay un Dios en Israel! Todos los que están aquí reunidos sabrán que el Señor rescata a su pueblo, pero no con espada ni con lanza. ¡Esta es la batalla del Señor, y los entregará a ustedes en nuestras manos!

Cabe aclarar que, puesto que adulteró con Betsabé y mandó a asesinar a su esposo Urías cuando este llegó a ser rey, David no tenía un corazón conforme al de Dios por portarse bien; lo tenía porque su corazón era de conquistador, como el del Señor. Además, guardó esa revelación al meditar una y otra vez en ella hasta que se hizo carne en su corazón.

Por eso, cuando él era solo un muchacho, empezó usando su resortera para impedir que los osos o los leones conquistaran el rebaño de su padre. De tal manera aprendió a caminar con esa convicción en su corazón, que después de la abundancia contenida allí mismo componía salmos a Dios y los tañía con un arpa; así como vivía de acuerdo a lo que creía de Dios. Por eso el rey Salomón, lleno de sabiduría, enseñó que solo al Señor se le entrega el corazón para mirar por sus caminos, es decir, para pensar como él piensa. ¿Acaso, de irónica manera, no se dice «hijo de tigre, pintito» para expresar que eres igual a alguien? De la misma forma, si las mujeres creyentes nos parecemos a Dios en nuestra forma de pensar no corremos el riesgo de tener ideas torcidas ajenas a su voluntad y no nos sucederá lo que dicho rey escribió en Proverbios 17:20a (NTV): «El corazón retorcido no prosperará».

Una buena ilustración de lo anterior es el caso de Serena y Venus Williams, unas niñas que pensaron conforme al corazón conquistador de su padre, quien era entrenador de tenis y soñaba en que fueran campeonas de tenis en un mundo donde las mujeres de color no figuraban en ese deporte. Mientras él pensaba en esa victoria para sus hijas, ellas aprendieron a pensar respecto a sí mismas tal como él lo hacía; por eso se convirtieron en las dos primeras mujeres afroamericanas campeonas internacionales de tenis.

Richard Williams transformó a sus hijas en figuras del tenis mundial, aunque su estilo fue controvertido, pero efectivo. Por tal motivo, al instruirlas, las mantuvo alejadas de los peligros de las drogas y las pandillas que acechaban en su barrio, sometiéndolas a un estricto plan de trabajo que él mismo diseñó. El mensaje que esta familia legó a la sociedad fue de tal grado que inspiró una película, nominada a los Globos de Oro, que enalteció la figura de un afroamericano de 79 años que cumplió el rol de padre, entrenador y manager de sus hijas y quien, con la colaboración de su esposa, Oracene Price, logró su objetivo de transformarlas en estrellas deportivas.

Desde luego, como en todo, en las redes sociales hay opiniones contrarias respecto a él. Sin embargo, si la Biblia dice que a las personas se las puede conocer por sus «frutos», entonces nos quedamos con las espectaculares evidencias deportivas que existen en los medios. El padre pensaba que una carrera en el tenis podría salvar a sus hijas de cualquier problema económico; por eso se encargó de que triunfaran en esta disciplina.

En virtud de lo anterior, tomó clases con un profesor privado, estudió todo cuanto pudo sobre las técnicas que aplicaban en ese momento los mejores del circuito y escribió un manual de 78 páginas en el que detallaba paso a paso el plan que las niñas debían seguir para transformarse en las mejores de todos los tiempos. Venus y Serena fueron abucheadas e insultadas por otros jóvenes, pero esto era parte del plan de su padre para que en el futuro ellas aprendieran a convivir con todo tipo de críticas sin perder su mentalidad de conquistadoras; ¡una cualidad superior a la de muchos jóvenes en el mundo!

Las muchachas entrenaban cinco días a la semana, de cinco a seis horas diarias y cuatro horas más los sábados. No participaban en los torneos de la categoría júnior, por lo que nadie sabía con certeza si iban a triunfar en el ámbito profesional, excepto su papá. En el año 2022, según datos extraídos de la red, Venus fue campeona de 7 títulos de Grand Slam y ganó alrededor de 42 276 755 dólares. Mientras que su hermana Serena consiguió 23 títulos de Grand Slam y obtuvo en su carrera alrededor de 94 518 971 dólares. Juntas, las hermanas Williams consiguieron 14 títulos de Grand Slam en dobles.

¡Un padre con un corazón conquistador y dos hijas con un corazón conquistador conforme al de él! De igual modo, Dios pone su naturaleza conquistadora en nuestro corazón. Así como enseña el Deuteronomio, que cuando el Señor manda a su pueblo a conquistar la tierra es él quien

conquista a través de ellos, también lo hace con nosotras; sea cual fuere lo que necesitemos o estemos conquistando en este momento, pues el tema es asumir lo que ya somos en él. De esta forma estaremos aceptando sus pensamientos de bien en nosotras para caminar en ellos, debido a que no será aparte de su corazón que podremos hacerlo, sino conforme a su corazón que el nuestro responderá.

Gracias a todo lo que Jesús conquistó para nosotras con su resurrección, veremos la victoria en cualquier área de nuestra vida. Al final las conquistas se materializarán, cuando cada mujer crea que su corazón ya es conforme al de Dios y se mueva en pos de ello. David lo aprendió y también nosotras podemos aprender en *Mujeres conforme al corazón de Dios*.

Por último, el tema obligado de toda enseñanza que menciona la obediencia involucra recalcar que solo por fe nos salvamos las personas. Cuando se pone en práctica, la obediencia demuestra sabiduría e inteligencia, pero no otorga una posición conforme a Dios. A su vez, permite que un mundo que no conoce al Señor exprese que «sí existen mujeres que son parte de un pueblo sabio e inteligente y de una gran nación»; como el ejemplo de las hermanas Williams, quienes obedecieron los preceptos y normas sobre el tenis que les ordenó su papá y en la actualidad todo el mundo reconoce su sabiduría e inteligencia para jugar ese deporte.

Capítulo 2

Corazón de profeta conforme al de Dios

Dios no tolera que entreguemos nuestro corazón a otros dioses ni a sus falsas filosofías. Cuando un pecador se arrepiente, abre su corazón de piedra y confía en la muerte de Jesús por sus pecados y en su resurrección, Dios ya no tiene inconveniente en declarar que ahora se ha convertido en una nueva criatura con un corazón conforme al de él. Además, en el sentido doctrinal hay muchas referencias bíblicas en el Nuevo Testamento que soportan que, cuando una persona es salva, la justicia de Cristo le es imputada, se vuelve una con él y se encuentra ya sentada a su lado en lugares celestiales; está completa en el Señor y, por último, tiene la mente de Jesús. Como se muestra en 1 Corintios 2:16 (NTV): «Pues, "¿quién puede conocer los pensamientos del Señor? ¿Quién sabe lo suficiente para enseñarle a él?". Pero nosotros entendemos estas cosas porque tenemos la mente de Cristo».

Por lo tanto, ante tales evidencias bíblicas, una mujer salva goza de un corazón conforme al de Dios. A su vez, el apóstol Pablo enseñó, en Gálatas 2:20 (NTV), que nuestro antiguo yo ha sido crucificado con Cristo y no vivimos nosotros, sino que Cristo vive en nosotros. Esto nos revela que al estar crucificadas con Cristo también recibimos un corazón conforme al de Dios, en virtud de que ahora es él quien vive en nosotras.

Sin embargo, es lamentable que muchas mujeres en el mundo no conozcan a Jesús como Señor y Salvador, porque no lo han recibido en su corazón. Millones de personas saben que él existió, pues su nacimiento es un hecho histórico que marcó a la humanidad en antes y después de Cristo; pero eso no implica que él las habite y mucho menos que gocen de un corazón conforme al de Dios. Solo un encuentro personal con Jesús lo transforma. Por eso, en la actualidad, cientos de miles de mujeres viven vidas dirigidas por las tradiciones que marcan sus culturas, sus religiones, las predicciones del zodiaco, las enciclopedias de internet, los libros de texto en las escuelas y los documentales que las instruyen por televisión.

Por ejemplo, en el mes de febrero muchos países celebran el día del amor y la amistad, pero en otros ese mes es de suma importancia y no solo para gozar de un día festivo. En China celebran el inicio de un nuevo año. En el 2022, los noticieros anunciaron que comenzaba el año del tigre de agua, que le daría impulso y energía a la mayoría de sus signos. Asimismo, los expertos en dicha cultura señalaron una serie de rituales para recibir el nuevo año chino. Lo primero que sugirieron fue vestirse por completo de rojo el primer día de febrero, porque ese color los diferencia a ellos de las personas de la cultura occidental, que lo relacionan con el amor; para los chinos representa abundancia, éxito y prosperidad.

Otro de los consejos fue comer en abundancia para que nunca faltaran alimentos en su mesa, pero debían hacerlo acompañados de sus seres queridos y con buen ánimo. Aseguraron también que si en los primeros catorce días del mes de febrero evitaban a familiares o a personas que no les agradaban, no tendrían enfrentamientos o conflictos durante el resto del año. De igual modo, el primer día de ese mes tampoco podían ir a visitar hospitales, cementerios ni la morgue. Aunado a lo anterior, transmitieron que las personas debían regalar a los niños sobres rojos con dinero, para tener prosperidad, y que además las carteras debían estar llenas de billetes cuando lo hicieran.

Todo esto es normal en países como China, en donde muchas personas confían en la suerte en lugar del principio bíblico llamado *primicia*, establecido por Dios, y que asegura la bendición del Señor sobre las finanzas y la economía de las personas, tal como se enseña en Proverbios 3:9-10 (RVR1960): «Honra al Señor con tus bienes, y con las primicias de todos tus frutos. Y serán llenos tus graneros con abundancia y tus lagares rebosarán de mosto».

Se trata de un verso profético de la palabra de Dios, que establece que cuando se honra al Señor con nuestros bienes y con las «primicias» de todos nuestros primeros ingresos, en lugar de seguir tradiciones mágicas ¡prosperaremos en la economía y en abundancia cada año! En contraste con la otra creencia china de que la gente debe mantenerse optimista los primeros catorce días del mes de febrero; estar alegre y alejarse de las deudas, pagarlas si pueden, o al menos no contraer otras en esos días. Una cultura como esta, con más de 300 millones de «dioses», cuenta con otros tantos millones de tradiciones y rituales que condicionan su forma de vivir.

Por eso la bondad de Dios nos dejó su Palabra para que comprendiéramos, en Deuteronomio 5, que él no tolera que entreguemos a otros dioses nuestro corazón. Al contrario, se encarga de nosotros cuando le entregamos el nuestro y nos enseña a conectarnos con él. Una buena ilustración de esto es cuando nos regalan un celular o un aparato tecnológico de punta. En efecto ya es nuestro al recibirlo, pero tiene que venir alguien experto y con paciencia a instruirnos sobre cómo usarlo.

Igual procede el Espíritu Santo con nosotros, nos enseña que tenemos la mente de Cristo y nos recuerda siempre sus pensamientos hasta que estos se vuelven tesoros en nuestro corazón, sufriendo así una transformación que nos hace creer y quedar convencidas de que ya tenemos un corazón conforme al de Dios. Por eso podemos pensar como él; lo que antes no podíamos hacer porque nuestro corazón estaba endurecido por el pecado.

Al respecto, la Biblia es muy clara al enseñar que cuando Dios no era nuestro Padre, entonces lo era el diablo y, por consiguiente, seguíamos solo sus deseos. Es decir, antes de que estableciéramos una relación personal con Dios a través de Jesucristo, nuestro corazón estaba quebrantado porque estaba lleno de muchas mentiras según el diablo las fue dictando. Compartíamos su naturaleza y hasta queríamos ser como «Dios», estableciendo lo que es bueno y lo que es malo, de acuerdo con nuestra propia prudencia. No podíamos adquirir inteligencia, escoger creer en la palabra de Dios ni mucho menos teníamos la opción de pensar de sabia manera. Nos complacíamos con la doctrina de las «buenas obras», lo que nos hacía creer que solo así podíamos tener un corazón bueno; sin poder entender que es al revés: el árbol bueno da fruto bueno, en lugar de que una fruta buena convierta en bueno a un árbol malo. A su vez, condicionábamos a otros a portarse bien para poder ser bendecidos por Dios.

Por tal motivo, el corazón de profeta de Dios nos dio un corazón de profeta como el de él para que ahora nosotras elevemos nuestra voz por quienes no la tienen y por los desposeídos; tal como en Proverbios 31:8-9 anima el rey Salomón: «¡Levanta la voz por los que no tienen voz! ¡Defiende los derechos de los desposeídos! ¡Levanta la voz y hazles justicia! ¡Defiende a los pobres y necesitados!».

La Biblia, las Sagradas Escrituras, es un libro profético que en ocasiones suena muy fuerte y por eso las personas deciden no leerlo. Sucedió así con el pueblo de Israel, no querían oír a sus profetas en el Antiguo Testamento cuando se sentían agredidos por sus rudas reprensiones; por eso los encarcelaban. Sin embargo, con su corazón de profeta conforme al de Dios, Jesús hizo un lazo con cuerdas y voz fuerte y condenó las prácticas religiosas que alejaban a los judíos de una relación con Dios y convencían a la gente de que el templo de Jerusalén era un mercado para comprar animales y hacer negocios; en lugar de respetarlo, como estaba profetizado desde Moisés, pues sería donde descendería la presencia del Señor. Distraían de ese modo al pueblo de Dios, que llegaba a orar y dar gracias por el animalito que llevaban y que, de forma profética, representaba el futuro sacrificio de Jesús, que perdonaría para siempre todos sus pecados.

En virtud de lo anterior, nuestro corazón de mujer es conforme al de Dios cuando defendemos la justicia de Cristo, como hizo el apóstol Pablo con el apóstol Pedro cuando este se estaba desviando hacia los judíos y sus tradiciones religiosas. No importa qué tan fuerte o qué tan frágil sea una mujer, su corazón de profeta conforme al de Dios alza la voz para defender la verdad usando los argumentos de la Palabra de Dios. Llega hasta los oídos de los que están siendo engañados y desviados hacia prácticas religiosas o culturales que impiden que el Señor dirija sus vidas y los bendiga con abundancia, incluyendo sus economías. Por eso quedó escrita una promesa, en 2 Corintios 8:9, para que una mujer con un corazón de profeta conforme al de Dios haga decretos prósperos sobre sus finanzas cada vez que estas pronostican que la pobreza es una realidad que honra a Dios: «Ya conocen la gracia de nuestro Señor Jesucristo, que, aunque era rico, por causa de ustedes se hizo pobre para que mediante su pobreza ustedes... (*yo —pon tu nombre—*) llegaran a ser ricos (*rica*)» —cursivas mías—.

Capítulo 3

Corazón de sacerdote y soñadora

¿Cuántas de ustedes sabían que los pensamientos tienen capacidad creadora? Las mujeres conforme al corazón de Dios vivimos conectadas con él; por lo tanto, al conocer sus pensamientos nos volvemos cocreadoras con el Creador de todo cuanto existe. En ese sentido, nos reinventamos, como ahora está de moda hacerlo. Para aprender a caminar en algo nuevo, desbaratamos los dogmas de nuestro corazón que nos hicieron creer que solo David y los hombres bien portados tenían un corazón conforme al de Dios. Nos renovamos al pensar y creer que la justicia de Cristo nos otorga un corazón conforme al de él; no por hacer buenas obras, sino por la fe en el Hijo de Dios hecho hombre, quien murió por nuestros pecados y resucitó al tercer día.

La gente reinventa algo cuando considera que lo que tenía valor ya no lo tiene; lo que se puede hacer hasta con el corazón, pues en Proverbios 10:20 se dice que el corazón de una necia no vale nada. Es bíblico que un corazón lleno de necedades se devalúe, pero cuando la justa toma conciencia de que su corazón es como el de Jesús ¡lo llena de valor de nuevo! Con ese entendimiento, las hijas de Dios nos conducimos como los tejones que construyen su casa sobre la roca y evitamos que nuestro corazón se consolide con innecesarias necedades.

En Proverbios 30:24, 26 (NVI), el rey Salomón hace una analogía con el poseer sabiduría como la de ciertos animales conocidos como tejones, para que, al comprender la forma en que se conducen, nosotras podamos hacerlo también. Esto es porque todo en la Biblia es por Dios, por él y para él, para enseñar, corregir e instruir a la justa, como lo muestran los siguientes versos: «Cuatro cosas hay pequeñas en el mundo, pero que son más sabias que los sabios: ... los tejones, animalitos de poca monta, pero que construyen su casa entre las rocas».

Los tejones enfrentan de forma violenta a los depredadores, enseñándoles sus afilados dientes; de inmediato dan la vuelta y en un segundo salen disparados a meterse en sus guaridas. Ahora bien, dentro de la simbología bíblica, construir sobre la roca o vivir entre rocas significa que las hijas de Dios edifican sus vidas sobre Jesús y sus enseñanzas. Él es la roca firme que nos protege de nosotras mismas y de los malvados inspirados en el enemigo de Dios. Además, edificamos nuestros corazones con los pensamientos del Señor y, cuando es necesario, le sacamos los dientes al diablo al apartarlo de nuestro entorno espiritual.

Por ejemplo, mi esposo es ingeniero con corazón de pastor, pero no por eso obligó a mis hijos a que estudiaran ingeniería. Sin embargo, desde pequeño, mi hijo Luis René empezó a cuestionarse, a investigar y a practicar la ingeniería mientras sonorizaba eventos. Juan, el más chico, decidió estudiar ingeniería para dedicarse, como el papá y el abuelo, a la manufactura de plásticos. Ellos traían en sus genes y en las venas el corazón del ingeniero, pero tuvieron que edificarse, estudiar, pasar por una preparación y practicar mucho para poder pensar como ingenieros. Con un corazón de ingeniero han aprendido a venderse entre sus clientes. Además, hablan todo el tiempo con su papá sobre temas de su ingeniería y le cuentan sobre los desafíos que enfrentan para diseñar y construir todo tipo de entes que mejoren los problemas técnicos de las personas y la sociedad.

Desde luego, eso no quiere decir que los hijos tienen que heredar la profesión de sus padres, pero sí es un buen indicador para ilustrar que, si los hijos suelen tener un corazón conforme a la profesión de su padre, ¡cuánto más las hijas de Dios tenemos el corazón de nuestro Padre celestial, así como sus oficios! Podemos pensar como él piensa porque en el Antiguo Testamento, antes de que Jesús viniera al mundo, el oficio de sacerdote del Altísimo **sí era heredable. Los sacerdotes servían a Dios dentro del tabernáculo, en el que había una tienda conocida como santuario, donde descendía la presencia de Dios en el desierto que tipificaba la venida de Jesucristo al mundo. Por cierto, entre las telas que lo cubrían una de ellas era de piel de tejón.**

Ya en el Nuevo Testamento, cuando Jesús resucita, se vuelve nuestro sacerdote, intercede por nosotros ante el Padre y nos llama también a nosotros «sacerdotes», como se evidencia en Apocalipsis 1:5-6 (NVI): «… Al que nos ama y que por su sangre nos ha librado de nuestros pecados, al que ha hecho de nosotros un reino, sacerdotes al servicio de Dios su Padre...».

De este modo se confirma que las creyentes también tenemos un corazón de sacerdote conforme al de Dios, en virtud de que Jesús también lo tiene; solo que él es el Gran Sumo Sacerdote (así, con mayúsculas) que ha atravesado los cielos, como se señala en Hebreos 4, aunado a que siempre se compadece de nuestras debilidades para que nosotras, al pensar como sacerdotes, nos compadezcamos también de las debilidades de otros.

¿Qué más hacen los sacerdotes? Los sacerdotes interceden ante Dios en favor de los hombres, mientras que el profeta habla a los hombres de parte de Dios. No obstante, en un mundo fragmentado por el pecado también hay sacerdotes y profetas falsos, que no tienen un corazón conforme al de Dios. Usan sus dones de liderazgo para engañar a la gente y provocan muchos prejuicios en las personas que oyen la palabra *sacerdote* o *profeta*. Una buena ilustración para reconocerlos son sus frutos, como los de las mujeres que tenían un corazón conforme al de su papá y no querían que su nombre y herencia desaparecieran, pues su pensamiento también desaparecería de su descendencia. Esta historia está narrada en Números 27:1-7 (NTV):

> Cierto día, las hijas de Zelofejad —Maala, Noa, Hogla, Milca y Tirsa— presentaron una petición. Zelofejad, su padre, era descendiente de Hefer, hijo de Galaad, hijo de Maquir, hijo de Manasés, hijo de José.[2] Estas mujeres acudieron a Moisés, al sacerdote Eleazar, a los jefes de las tribus y a toda la comunidad, a la entrada del tabernáculo. Ellas dijeron: «Nuestro padre murió en el desierto, pero no por estar entre los seguidores de Coré que se rebelaron contra el Señor, sino que murió debido a su propio pecado y no tuvo hijos varones. ¿Por qué debería desaparecer el nombre de nuestro padre de entre su clan solo porque no tuvo hijos varones? Dennos una porción de terreno entre el resto de nuestros parientes».
>
> Entonces Moisés presentó el caso ante el Señor. Y el Señor le contestó a Moisés: «La petición de las hijas de Zelofejad es legítima. Así que dales una porción de terreno junto con los parientes de su padre. Asígnales la porción de terreno que se hubiera dado a su padre».

¡Guau!, ¿cómo no vamos a tener un corazón conforme al de Dios si estas mujeres antes de Cristo nos enseñan que lo que hay en el corazón de un padre lo heredan los hijos, desde el apellido hasta todo lo que él tiene, ya sea que se haya nacido varón o mujer? Esto se debe a que con Cristo ya no hay judío ni gentil, esclavo ni libre, hombre ni mujer, como está escrito en Gálatas 3:28 (NTV).

Además, Maala, Noa, Hogla, Milca y Tirsa tenían el corazón soñador de su antepasado José, pues provenían del mismo árbol genealógico. Por eso soñaron que, aunque eran mujeres, podían ser bendecidas como los jefes de las otras tribus y heredar

[2] El soñador.

tierras. De la misma forma que todas las mujeres casadas, viudas, divorciadas, solteras, jovencitas y niñas pueden tener un corazón conforme al de Dios de sacerdote y soñador, y vislumbrar sus sueños para sus vidas, cuando vive Jesús en su corazón. En el caso de José, su sueño se cumplió porque soñaba los sueños de Dios; los pensó, se hicieron carne en su corazón y se los publicó a su padre y a sus hermanos. Los sueños de las hijas de Zelofejad también se cumplieron; soñaron los sueños de Dios, los pensaron e intercedieron como sacerdotes ante Moisés para que se hicieran realidad para ellas y su descendencia.

Así es Dios, quien produce en el corazón de la justa lo que **Él** está pensando al tener un corazón conforme al de **Él**, gracias al trabajo terminado de la cruz. Aunque tal vez es posible que no nos sintamos como sacerdotes ni mucho menos seamos todavía soñadoras como estas mujeres. Es decir, que no tengamos un corazón que intercede, se compadece de otros ni vela porque los sueños de Dios se cumplan en nuestras vidas para que marquen un precedente para toda una generación que viene atrás de nosotras; porque no pensamos así.

En ocasiones no es una prioridad tomar conciencia de que tenemos un corazón de sacerdote para compadecernos de las mujeres que todavía no conocen a Jesús ni han heredado la vida abundante y eterna que él nos dio. Sin embargo, lo importante es recordar que Dios es eterno, no está sujeto a nuestro tiempo y puede ver nuestros corazones ahora. Su Palabra enseña que ya nos mira sentadas junto a su hijo en el cielo con un corazón conforme al suyo por ser una con él.

Por último, estamos en un cuerpo que por causa del pecado endureció nuestro corazón. Por esta razón vamos experimentando una transformación constante realizada por el Espíritu Santo, que se mueve dentro de nosotras moldeándonos a su imagen, como en 2 Corintios 3:18 (NTV) podemos leer:

Así que todos nosotros, a quienes nos ha sido quitado el velo, podemos ver y reflejar la gloria del Señor. El Señor, quien es el Espíritu, nos hace más y más parecidos a él a medida que somos transformados a su gloriosa imagen.

Capítulo 4

Corazón de reinas conforme al de Dios

«Judá es mi cetro y producirá mis reyes». Este es un verso del Salmo 60:7 (NTV) complementa el capítulo anterior, en virtud de que las hijas de Dios no solo tenemos un corazón de sacerdote como el de nuestro Padre, sino también de reinas como el de Jesús. Por supuesto, con la diferencia de que ¡él es el Rey de Reyes! De hecho, en el Antiguo Testamento hay una historia de una mujer con corazón de reina. No es la famosa reina judía Ester, es Abigail, una mujer hebrea que esperaba al Salvador del mundo e intuyó en su corazón que sería esposa de un rey. Por lo mismo, actuó con corazón de reina por adelantado, cuidó el corazón de un rey y evitó una masacre.

El nombre *Abigail* significa 'el padre salta de júbilo', 'gozo del padre' o 'fuente de alegría'. También se la considera una mujer bella y con cerebro; «una mujer sensata y hermosa», como refiere 1 Samuel 25:3 (NTV). Su esposo era un necio llamado Nabal, quien tipifica al diablo, a quien servíamos cuando no éramos hijas de Dios.

Sin embargo, nuestra identidad no terminó allí, porque los planes de Dios nunca están limitados a los terrenales nuestros. Él es eterno y, como en cualquier etapa de la historia de la humanidad, cuando nos arrepentimos de nuestros pecados cambia nuestro corazón. En el caso de Abigail, ella fue sensata porque cuidó el corazón de su futuro esposo y rey de Israel luego.

Asimismo, preservó la vida de muchos al tener un corazón de reina que vela por los demás. La narración nos explica que fue a buscar a David para honrarlo, cuando este aún no era rey, y el grosero de su esposo se negó a darle de comer a él y a su ejército. En 1 Samuel 25:29, leemos las sensatas palabras que ella expresó cuando le llevó guarniciones para sus soldados y con las cuales demostró la abundancia que había en su corazón: «Aun cuando lo persigan aquellos que buscan su muerte, su vida estará a salvo al cuidado del Señor su Dios, ¡segura en su bolsa de tesoros! ¡Pero la vida de sus enemigos desaparecerá como piedras lanzadas por una honda!».

Con un corazón de reina, sin estar casada todavía con el futuro rey de Israel, Abigail actuó y profetizó como si fuera la reina, esposa de David, que en este caso representaba a nuestro Rey Jesús. Recordemos que Jesús siempre estuvo bajo el cuidado del Padre cuando sus enemigos lo crucificaron y Dios lo resucitó porque seguro estuvo «en su bolsa de tesoros». Lo exaltó como Rey de Reyes para que la Iglesia, que es su novia, espere ser desposada con él. Es cierto que todavía no sucede, pero ya es una realidad en la eternidad que tenemos un corazón de reinas como el de Él. Abigail lo tuvo antes de ser esposa de un rey; después se convirtió en la mujer de David y se volvió una sola carne con él, como asegura la Biblia que sucede cada vez que un hombre y una mujer se unen. De igual forma, las hijas de Dios compartimos el corazón de Rey de Jesús, porque somos una con él; como lo enseñan las Epístolas.

Se cuenta que cuando David oyó que Nabal había muerto, envió mensajeros para pedirle a Abigaíl que fuera su esposa. En el verso 41 del mismo capítulo 25, con corazón de reina, ella respondió inclinándose al suelo: «Yo, su sierva, estaría encantada de casarme con David. ¡Aun estaría dispuesta a ser una esclava y lavar los pies de sus siervos!»

Conforme Abigail contestó, nosotras igual respondimos cuando nos compartieron el Evangelio y recibimos a Jesús como

Señor y Salvador; ¡nos desposamos con él! Claro que no han llegado las bodas del Cordero, pero ya somos sus reinas, como lo señalan las Escrituras. Además, como leímos al principio, Jesús es el León de la Tribu de Judá, y su muerte y resurrección siguen produciendo hijas con corazón de reinas para nuestro Dios; así como es posible porque el Nuevo Testamento, en Efesios 1 (NTV), describe que el Padre en amor nos predestinó para ser adoptados como hijos suyos por medio de Jesucristo. Él nos hizo conocer el misterio de su voluntad conforme al buen propósito que de antemano estableció en Cristo para llevarlo a cabo cuando se cumpliera el tiempo; esto es reunir en él todas las cosas, tanto las del cielo como las de la tierra.

Ahora bien, una pregunta pertinente sería: ¿somos hijas o solo adoptadas? Somos hijas con corazón de reinas, porque al recibir a Jesús en nuestro corazón el Señor nos dio la potestad de ser llamadas hijas de Dios y también estamos desposadas con él, que es Rey de Reyes. De hecho, el término adopción en hebreo consiste, según el mismo capítulo del libro de Efesios, en heredar todo lo que Jesús reunió en él, incluyendo los pensamientos de su corazón. Por eso, en Efesios 1:17-18 (NVI), el apóstol Pablo oró: «Pido que el Dios de nuestro Señor Jesucristo, el Padre glorioso les dé el Espíritu de sabiduría y de revelación, para que lo conozcan mejor. Pido que también les sean iluminados los ojos del corazón para que sepan a qué esperanza él los ha llamado, cuál es la riqueza de su gloriosa herencia entre pueblo santo...».

Por lo tanto, la realidad espiritual anterior no opera bajo esfuerzo humano, es el Espíritu Santo el que ilumina los ojos de nuestro corazón para que sepamos todo lo que Jesús nos ha otorgado con su salvación. Pero para poder apropiárnoslo, también es importante reflexionar sobre «los ojos del corazón». ¿Acaso tiene ojos nuestro corazón? **¿Será solo una forma poética de decir o nos querrá revelar algo la Nueva Versión Internacional de las Escrituras? ¡Por supuesto que sí!** En nuestro corazón recibimos al Rey de Reyes y lo podemos ver con la imaginación; nunca en un ídolo de oro, plata o madera hecho por manos humanas.

Aun así, para que esto sea viable necesitamos ser sensatas como Abigail, ya que la sensatez es un sustantivo que nos define como mujeres de buen juicio, madurez en nuestros actos y toma de decisiones. De ese modo, ya no continuaremos confiando en nuestra propia prudencia y **«dejaremos de comer de nuestras propias ideas», como en una ocasión expresó una profeta cristiana, la mexicana Isabel Contreras, en virtud de que estas pueden ser carnales, carentes de sabiduría y bastante religiosas.**

Además, el diablo intenta seducir nuestra mente y hacernos creer que todavía somos malas, que no merecemos que Dios nos llame hijas y que es ridículo que pensemos que tenemos un corazón de reinas conforme al de Dios. Todo para que no comprendamos que el tema de la adopción a través de Jesús implica el hecho de que ya heredamos todo lo que él ganó para nosotras con su obediencia, hasta los más íntimos pensamientos y deseos de su corazón, ¡que ahora son nuestros también!

Capítulo 5

Sion, mi corazón conforme al de Dios

> **¿Por qué se rebelan las naciones y en vano conspiran los pueblos? Los reyes de la tierra se rebelan; los gobernantes se confabulan contra el Señor y contra su ungido. Y dicen: «¡Hagamos pedazos sus cadenas! ¡Librémonos de su yugo!».**
> El rey de los cielos se ríe; el Señor se burla de ellos. En su enojo los reprende, en su furor los intimida y dice: «He establecido a mi rey sobre Sión, mi santo monte».
> Yo proclamaré el decreto del Señor:
> «Tú eres mi hijo (a)», me ha dicho; «hoy mismo te he engendrado. Pídeme y como herencia te entregaré las naciones; ¡tuyos serán los confines de la tierra! Las gobernarás con puño de hierro; las harás pedazos como a vasijas de barro».
> Ustedes, los reyes, sean prudentes; déjense enseñar, gobernantes de la tierra. Sirvan al Señor con temor; con temblor ríndanle alabanza. Bésenle los pies, no sea que se enoje y sean ustedes destruidos en el camino, pues su ira se inflama de repente. ¡Dichosos los que en él buscan refugio!

De esta forma está escrito en Salmos 2 (NVI), para que así las mujeres encontremos nuestro corazón conforme al de Dios en el verso 6, en donde señala que Dios «ha establecido» a su rey sobre Sion. Pero ¿qué es Sion? ¿Por qué por allí no pueden entrar los malvados a hacerle nada al Señor? ¿Acaso será Sion un literal monte en Israel que no tiene nada que ver con nosotras? ¿Quiénes son esas reinas que se dejan enseñar, sirven al Señor con temor, le rinden alabanza y le besan los pies? ¿Acaso somos las mujeres con un corazón conforme al de Dios?

En el contexto bíblico, la presencia de Dios se manifestó primero con Abraham, a través de un sacrificio que fue consumido por fuego. Más adelante, Dios le ordenó a Moisés hacer un tabernáculo en el desierto y, adentro, en el lugar santísimo, introducir un arca donde descendería también. Dicha arca anduvo después rodando de aquí para allá y fue el rey David quien decidió hacerle un templo. Sin embargo, Dios se lo impidió por haber derramado mucha sangre en las guerras y le dijo que quien lo haría sería su hijo Salomón. Pero como David pensaba como Dios, conquistó la ciudad de sus enemigos los jebuseos, que se llamaba Jerusalén, y la bautizó como la Ciudad de David. Allí se llevó de nuevo el arca, a una colina conocida como el monte de Sion.

En este punto, cabe aclarar que ningún acontecimiento en la historia de Israel fue tan importante como la conquista de Jerusalén, que influyó de una manera muy especial en la vida y el «pensamiento» de los israelitas debido a que la ciudad se encontraba en una colina rodeada de valles, fuentes de agua, y sus murallas la resguardaban de cualquier ataque militar. Para hacerla capital de su reino, David marchó contra ella sin lanzas ni flechas, solo cortando el suministro de agua que abastecía a la ciudad y subiendo por el acueducto. En el segundo libro de Samuel se narra que los jebuseos amenazaron a David, le dijeron que solo con los cojos y los ciegos lo vencerían.

Jerusalén fue considerada la ciudad central de las bendiciones, la que vio morir y resucitar a Jesucristo, el teatro de la redención del mundo; la ciudad de paz que aún espera irradiar a toda la humanidad con los efectos de la salvación. Desde allí se manifestó por muchos años la presencia de Dios. Después, por haberse vuelto a los ídolos, el pueblo de Israel sufrió un proceso de cautividad, que se encuentra narrado en el Antiguo Testamento, en los libros de los profetas mayores y menores. Allí está descrito su exilio y su regreso, hasta que en el Nuevo Testamento nació Jesús, quien comenzó su ministerio proclamando que el reino de los cielos se había acercado e invitando a la gente a arrepentirse.

Cuando Jesús resucitó, unió el cielo con la tierra y se convirtió en el camino entre ambos. Ahora la manera de acceder allí es mediante la presencia del Espíritu Santo en el corazón. Por lo mismo, la cruz no es un ídolo, sino un símbolo que representa el amor de Dios expresado a través del sacrificio de Jesús, que perdonó todos nuestros pecados. Sin embargo, está vacía porque él ascendió a los cielos y el Espíritu Santo habita la Tierra por medio de nuestros corazones rendidos al Señor.

Nosotros ya no tenemos que ir a un templo ni subir a una colina como hacían los hebreos para encontrarse con Dios. ¡Sion es nuestro corazón! Por eso necesitamos comprender cuán ancho, largo, alto y profundo es el trabajo terminado en la cruz para poder pensar y creer cada vez más que ese único sacrificio por nuestros pecados nos otorgó un corazón conforme al de Dios.

Tan profundo es el amor de Dios, que cuando leemos la palabra Sion en la Biblia, en Salmos 2, todavía hay más revelación de fondo. Dios no reinaba allí de forma exclusiva ni tampoco se trata solo de un lugar visible histórico hebreo encumbrado. En efecto, Sion es conocida como la ciudad de David o el pueblo de Dios porque el Señor reina en medio de su pueblo; pero también el monte de Sion es algo más que un lugar físico, también tiene una trascendencia espiritual importante: representa el corazón de los creyentes cuando hemos recibido en él a Jesús como Señor y Salvador.

Cuando el Espíritu le revela a una mujer la dimensión del significado de la palabra Sion, puede afirmar que tiene un corazón conforme al de Dios, en respuesta a la pregunta en Proverbios

20:9 (NVI): «¿Quién puede afirmar: "Tengo puro el corazón, estoy limpio de pecado"?»; sin temor a equivocarse, pues ahora nuestro corazón es puro y limpio gracias a la sangre que vertió Jesús en la cruz para remitir nuestros pecados. Por esto quedó blanco como la nieve, como se profetizó en Isaías 1:18; porque Dios lo limpió, como también se sostiene en Salmos 51:10.

De tal manera que podemos expresar «**¡aleluya, Dios es visto!**» porque Sion representa nuestro corazón libre de pecado para conectarse con el Señor; aunque por desgracia la tierra siga llena de espinos y cardos, que representan la maldición que cayó sobre ella por las decisiones del hombre al margen de Dios. Es obvio que en realidad no los vemos en calles y avenidas, pues vivimos en ciudades urbanizadas, pero esas molestas espinas son una alegoría de los pensamientos malvados que intentan florecer en la tierra de nuestro corazón.

Jesús también enseñó que la Palabra de Dios es una semilla que podemos pensar y creer, pero las espinas la ahogan porque simbolizan los malos pensamientos de preocupación que generan, por ejemplo, muchas enfermedades. «Porque cual es su pensamiento en su corazón, tal es él», escribió el rey Salomón en Proverbios 23:7 (RVR1960).

En definitiva, una mujer piensa conforme lo hace Dios porque ahora es una con él. Obvio, nunca usurpando su lugar, pero pensando como Jesús lo hacía. Al hacerse hombre, él confiaba en que, por la acción del Espíritu Santo en su corazón, todo es posible para el que cree. Por ende, nosotras también creemos que es posible pensar como Dios porque ¡el Espíritu Santo hoy vive en Sion, que es nuestro corazón!

Capítulo 6

Un corazón conforme a los caminos de Dios

¡A mí nadie me menciona nunca!, no soy la autora de ningún libro cristiano y mi foto de perfil no tiene muchos *likes* en Facebook e Instagram. A la esposa de Noé ¡tampoco! Nadie sabe su nombre, pero todo el mundo habla de la hazaña de su esposo porque construyó un arca. No obstante, ella era una mujer conforme al Corazón de Dios, pues el Señor había pensado en destruir a todas las criaturas vivientes porque la Tierra se había llenado de violencia, como se narra en Génesis 6:9, y ella decidió pensar como él. La evidencia que tenemos es que se subió al arca. ¿Pero quién se cuestiona sobre sus luchas personales durante los más de cien años que duró la construcción de una nave del tamaño de un gran barco de cruceros turísticos? Si solo acabaron subiéndose ocho personas, ¿cuánta persecución habrá sufrido por lo que estaba haciendo su esposo, junto con todas las dudas de su «carne» que debieron de haberla invadido más de una vez?

En realidad, la naturaleza pecaminosa es malvada y suele dárselas de piadosa, se rebela contra todo sano juicio y duda que las intenciones de Dios puedan ser por entero buenas. Por lo tanto, la mente carnal tiende a razonar sobre si las cosas que otros deciden son justas o no; o bien se pregunta sobre si el Señor no será cruel y por eso podría estar quitándonos algo para castigarnos.

Al fin y al cabo, en el fondo del corazón, cada ser humano bien sabe que no tiene excusas, que no puede afirmar que no sabía lo que estaba haciendo, pues como dice en Proverbios 24:12 (NTV) «Dios conoce cada corazón» y cuida nuestra alma porque «sabe bien» lo que cada quien piensa y lo que «merecen» nuestras acciones (paráfrasis parcial mía).

Incluso con la Biblia ya compilada, podemos apreciar que los sacrificios de animales que hacía Noé, antes y después de entrar al arca, se demuestra que en su familia eran creyentes en el Salvador del mundo; es decir, en Jesús, quien es el mismo ayer, hoy y por los siglos. El que la esposa de Noé participara en un evento de la magnitud de lo que fue el diluvio es una «evidencia» de que tener una relación con Dios permitió que su corazón pensara como él. Ella pudo haber encabezado un mitin, una marcha o una peregrinación para manifestarse en contra del decreto del Señor; o tratar de convencer a su esposo de que no consintiera con sus planes. Quizás fue tentada a dudar, como le sucedió a la esposa de Lot, y regresarse cuando ya estaban adentro y cuestionarse sobre si era cierto lo que iba a suceder. Sus pensamientos al respecto han de haber sido miles y miles; más si la construcción del arca ¡duró 120 años! Es imposible que durante tantas décadas no hubiera pensado ni opinado nada al respecto, ya que en el Antiguo Testamento las mujeres no eran un mueble para decorar escenarios bíblicos. Ellas, al igual que los hombres, fueron creadas a imagen y semejanza de Dios, incluidas en todos sus proyectos y con la misma libertad para albergar en sus corazones pensamientos compatibles o contrarios a ellos.

Así pues, cuando una mujer goza de un corazón conforme al de Dios es porque tiene un corazón compatible al de él. De la misma manera que sucede con los trasplantes de riñón, en los que la primera condición para efectuarlos es que el donador sea familiar. Después tiene que haber una compatibilidad con el tipo de sangre de quien lo va a recibir, ya que en no todos los familiares la hay. Por eso, en el caso de la esposa de Noé, ella fue compatible con el corazón de Dios solo porque decidió pensar como él. Ignoró todos los argumentos, las críticas y la incredulidad de sus familiares, amistades y de los malvados inconversos ante el proyecto de Dios gestado en el corazón de su esposo. Demostró así ser una discípula del Señor:

> Si alguno viene a mí y no sacrifica el amor a su padre y a su madre, a su esposa y a sus hijos, a sus hermanos y a sus hermanas, y aun a su propia vida, no puede ser mi discípulo (Lucas 14:26, NVI).

¡Guau!, cuán importante es tomar conciencia de que un corazón conforme al de Dios implica enfrentar no solo la persecución por nuestra fe, sino también a nuestra familia de sangre, cuando no está de acuerdo con algún principio de la Biblia. Solo al amar a Dios más que a nuestros seres queridos y pensar como él, producirá que su voluntad se haga en la tierra como en el cielo. De lo contrario, será nuestra propia prudencia la que estorbe; no podremos fiarnos del Señor con todo nuestro corazón y acabará este discernimiento dictando nuestras «fabulosas» decisiones.

De hecho, la Palabra de Dios nunca menciona que la esposa de Noé fuera como la de Job o que el egoísmo, la idolatría o la avaricia la hubieran caracterizado. De ser así, no se hubiera podido subir al arca debido a que el tesoro de su corazón no habría sido conforme al de Dios.

Aunado a esto, le tocó vivir cuando la maldad en el mundo se había tornado inconcebible, como se ha vuelto en la actualidad: se ha legalizado la marihuana, el aborto, los matrimonios entre homosexuales, incluso adoptando niños; individuos simpatizando con los pedófilos, millones de personas adorando a Asclepio, el dios de la medicina; fraudes cibernéticos y la peligrosa realidad virtual avanzando a pasos agigantados para sacar a las personas del mundo real, volviéndolos adictos a ella. Muchos se deforman con cirugías y tatuajes, llegando al colmo de la maldad con modificaciones llamadas *aliens*, que simulan zombis o extraterrestres, implantándose o amputándose partes del cuerpo para sorprender a todos los que caminan por la calle.

Hay que mencionar también las series de televisión en las casas y los libros de texto en las escuelas, que adoctrinan a la sociedad mundial; además de los escándalos de las escenas sexuales explícitas entre homosexuales y líderes religiosos. En el mes de agosto de 2023, el papa católico publicó que a los pederastas Dios los creó por una razón y les ha reservado un lugar especial en el cielo.

El diluvio y la esposa de Noé no solo son un tipo de juicio final y una mujer conforme al corazón de Dios, sino ¡alertas también!, y no precisamente entrando por las pantallas de los celulares, sino por las propias Escrituras, invitándonos a que busquemos en ellas con urgencia modelos infalibles de personas que creyeron en Dios, confiaron en él y se mantuvieron a salvo. De hecho, en el mundo seguirá habiendo aflicción hasta la Segunda

Venida de Jesús, por lo tanto, si Moisés se sostuvo como viendo al Invisible, nosotras podemos sostenernos de igual modo con la ayuda del Espíritu Santo.

Suponiendo que, dentro del arca, la esposa de Noé hubiera sido tentada a pensar que todos se ahogarían porque tal vez el artefacto no aguantaría la tormenta, ¿acaso no se habrá sostenido hasta el final como viendo al Invisible? Quizás pudo haber escrito en privado su propio salmo, para después escuchar una vocecita dentro de su corazón que le dictara: «Todos estarán a salvo».

Si no, ¿de qué otra forma podemos comernos el libro de los Salmos? Este es un análisis de hombres y mujeres que tenían un corazón conforme al de Dios, vaciaron sobre él toda su ansiedad en tiempo de angustia, confiaron y esperaron su rescate. En Salmos 39 (NTV) está escrito:

Me dije: «Tendré cuidado con lo que hago y no pecaré en lo que digo. Refrenaré la lengua cuando los que viven sin Dios anden cerca».

Pero mientras estaba allí en silencio —sin siquiera hablar de cosas buenas—, el torbellino en mi interior se hizo cada vez peor. Cuanto más pensaba, más me enardecía, hasta que disparé un fuego de palabras: «Señor, recuérdame lo breve que será mi tiempo sobre la Tierra. Recuérdame que mis días están contados y ¡cuán fugaz es mi vida! La vida que me has dado no es más larga que el ancho de mi mano. Toda mi vida es apenas un instante para ti; cuando mucho, cada uno de nosotros es apenas un suspiro. Somos tan solo sombras que se mueven y todo nuestro ajetreo diario termina en la nada.

Amontonamos riquezas sin saber quién las gastará. Entonces, Señor, ¿dónde pongo mi esperanza? Mi única esperanza está en ti. Rescátame de mis rebeliones. No permitas que los necios se burlen de mí.

En silencio estoy delante de ti; no diré ni una palabra porque mi castigo proviene de ti. Pero por favor, ¡deja de castigarme! Estoy agotado por los golpes de tu mano. Cuando nos disciplinas por nuestros pecados, consumes como una polilla lo que estimamos precioso. Cada uno de nosotros es apenas un suspiro.

¡Oh, Señor, oye mi oración! ¡Escucha mis gritos de auxilio! No cierres los ojos ante mis lágrimas. Pues soy tu invitado, un viajero de paso, igual que mis antepasados. Déjame solo para que pueda volver a sonreír antes de que parta de este mundo y no exista más.

Por consiguiente, las mujeres conforme al corazón de Dios tenemos y tendremos desafíos del tipo «tierra prometida», que ya es nuestra y nos toca conquistar. Sin embargo, en el proceso nos quebraremos; escribiremos nuestro propio salmo que hablará de nuestro estado emocional, como lo hacía David, que tenía un corazón conforme al de Dios, y seguiremos confiando.

Disfrutamos de un corazón conforme al de Dios, aunque nuestra vida sea breve en la tierra. Gracias al trabajo terminado en la cruz, podemos ser viajeras de paso que vivimos con una sonrisa, producto de lo que pensamos. Todas las analogías, ilustraciones y metáforas que usa la palabra de Dios son sombras o tipos de lo que ahora somos en Cristo, para pensar con plena consciencia en ello.

El arca tipifica la profecía, expresada en Jeremías 29:11, porque el Señor tiene planes de bien y no de mal para darnos un futuro y una esperanza. De la misma forma como debió haber pensado y creído en su corazón la esposa de Noé. Esto demuestra por qué el Señor siempre se reserva una parte, que es la que nos pide. En este caso, lo hace pidiéndonos que le entreguemos nuestro corazón para que miremos por sus caminos, como dice en Proverbios 23:26.

Capítulo 7

Un corazón humilde conforme al de Dios

¿Cuáles son algunas de las características de tu corazón conforme al de Dios? ¿Acaso alguna de ellas se parece a la que una vez declaró Jesús sobre el suyo: «... yo soy humilde y tierno de corazón...»? (Mateo 11:29, NTV).

Primero que nada, para poder concluir que disfrutamos de un corazón humilde como el de Jesús conviene preguntarnos qué es humildad. Humildad no es ser pobre, miserable y con cara de piedad. De hecho, en hebreo la palabra humildad está relacionada con la aceptación de nuestras propias limitaciones, bajeza, sumisión y rendición. Por lo tanto, la verdadera humildad es sometimiento. Es decir, estar de acuerdo con lo que la autoridad establece o nos manda a hacer; sobre todo cuando a nuestro entendimiento «no le cuadra». Asimismo, la humildad que enseña Jesús involucra el creer lo que Dios dice, en lugar de nuestra querida y bien ponderada «propia prudencia». Por eso, cuando él dice «Vengan a mí todos los que están cansados y llevan cargas pesadas, y yo les daré descanso. Pónganse mi yugo. Déjenme enseñarles, porque yo soy humilde y tierno de corazón, y encontrarán descanso para el alma» (Mateo 11:28-29, NTV), se refería también a las mujeres que estamos cansadas de nuestra propia opinión, la cual nos ha llevado a decisiones que han vuelto pesado nuestro caminar con Cristo.

Ahora bien, no necesariamente la carga es pesada por lo que otros nos han hecho o por lo que nos ha sucedido en la vida, pues en toda aflicción Jesús nos manda a confiar en él debido a que el Padre, según Isaías 53, decidió quebrantarlo y hacerlo sufrir, cuando se hizo hombre, para que nosotras pudiéramos darle la vuelta al sufrimiento. Además, aún hoy él «día tras día sobrelleva nuestras cargas», como confirma en Salmos 68:19 (NVI).

Es evidente que no será a nuestra manera como encontraremos la salida de los problemas, ni como Dios lo hará. Sucederá solo como está escrito en su Palabra; habrá que esperar, enfrentar mucha persecución y a nuestra carne, que por cierto también tipifica a la mentirosa «mujer ajena» del libro de Proverbios, que de forma constante levantará muchos argumentos que nos harán dudar. Si le hacemos caso, podremos encontrar una solución rápida y temporal basada en nuestro propio entendimiento, en lugar de confiar con todo el corazón en el Señor para salir adelante. Así lo aconsejó el rey Salomón en Proverbios 3:5-8 (NTV):

> Confía en el Señor con todo tu corazón, no dependas de tu propio entendimiento. Busca su voluntad en todo lo que hagas, y él te mostrará cuál camino tomar.
> No te dejes impresionar por tu propia sabiduría. En cambio, teme al Señor y aléjate del mal. Entonces dará salud a tu cuerpo y fortaleza a tus huesos.

Por todo ello, las hijas de Dios, creadas a su imagen y semejanza, redimidas por el sacrificio de Jesús y llenas del Espíritu Santo, no tenemos más la esclavitud de depender de nuestra humanidad, porque ya tenemos un corazón humilde como el del Señor. Como lo tuvo María, la madre terrenal de Jesús, quien de espectacular y sobrenatural no tenía nada, como nos la han vendido los religiosos. Tan es así que en Lucas 1:46-49 (NTV) ella misma cantó:

> —¡Oh, cuánto alaba mi alma al Señor! ¡Cuánto mi espíritu se alegra en Dios mi Salvador! Pues se fijó en su humilde

> sierva, y de ahora en adelante todas las generaciones me llamarán bendita. Pues el Todopoderoso es santo y ha hecho grandes cosas por mí.

Así como lo demostró después de haberle contestado al Señor, de la abundancia de su corazón, en Lucas 1:38 (RVR1960): «He aquí la sierva del Señor, hágase conmigo conforme a tu palabra».

¡Esa es toda la evidencia bíblica que tenemos para deducir que tenía un corazón humilde! Claro que sufrió persecución y su naturaleza pecaminosa la debió haber cuestionado: «¡Qué onda!, ¿cómo vas a quedar embarazada, si eres virgen?».

Pese a esto, al siguiente mes que no tuvo su período y al otro que empezó con vómitos; luego que observó la inflamación de sus pechos y al cuarto que se le empezó a abultar el vientre, ella debió haberse fortalecido más y más en lo que había decidido confiar. Aunque, ¿acaso no habría sido tentada por el diablo para abortar y así no enfrentar el ser apedreada por los fariseos? Por ejemplo, una buena ilustración de cómo hubiese sido su aspecto físico durante sus luchas personales no es con un cuadro que hubiese pintado alguien que ni la conoció en persona, sino cuando una creyente con un corazón humilde conforme al de Dios saca un espejo y ¡se mira en él!

Para los escépticos fue una insensatez lo que Dios le pidió: «¡Dame tu matriz!»; así como es una locura que ahora Dios nos pida el corazón. Pese a eso, es la única forma de que podamos tener un corazón conforme al de él, pensar como él y actuar como él (es decir, conectarnos con él). Desde luego, a ninguna de nosotras nos va a pedir ahora nuestro vientre, pero sí promete y jura por sí mismo, porque es imposible que Dios cambie, que siempre tendremos una esperanza si nos aferramos a él. De ese modo, acontecerá lo que se afirma Isaías 60:17b (NVI): «Haré que la paz te gobierne y que la justicia te rija».

Por otro lado, conviene aquí analizar algunas cosas que dicta nuestra propia prudencia y que nos estorban para pensar como Dios y disfrutar de un corazón humilde conforme al de él; que nos roban la paz y hacen que nos olvidemos de la justicia que Cristo nos otorgó:

- Si no te vacunas, te vas a morir.
- Si comes pan, vas a engordar.
- Si no le ponen *like* a tus publicaciones, les caes mal.
- Si te preocupas y angustias, puedes resolver los problemas.
- Si no eres joven, ya no sirves.
- Si estás gorda, eres menos valiosa que las delgadas.
- Si desobedeces, Dios te va a castigar.
- Si rentas casa, tiras el dinero a la basura.
- Si tienes bienes económicos, eres mala como la gente rica.
- Si tus hijos mayores de edad no te visitan, no te aman.
- Si tus descendientes se portan mal, tu reputación quedará afectada.
- Si no sirves en la Iglesia de tiempo completo, no estás dando fruto.
- Si suben los precios, no te va a alcanzar.
- Si tus familiares tuvieron una enfermedad mortal o degenerativa, tú también la tienes que heredar.

¡Todos esos son pensamientos orgullosos!, porque Dios ha jurado por sí mismo y ha prometido que no nos dejará ni desamparará, como se dice en el libro de Hebreos. Hasta el propio Jesús, antes de morir y desde la cruz, le pidió a Juan que se hiciera cargo de la humilde María.

Quizá no tienes hijos o no serán tus hijos los que justo velen por ti el día de mañana, pero el Señor tendrá un Juan que lo haga, porque el nombre *Juan* significa 'regalo de Dios'. En virtud de esto, ser humilde no es estar pensando de modo positivo todo el tiempo, ¡cuidado! Es escoger la opción de confiar en el Señor con todo el corazón, en vez de nuestro propio entendimiento, ya que tendemos a subestimar que el tener la mente de Cristo es gozar de la capacidad pensante de escoger la verdad e influenciar así a nuestro cerebro. Por eso acabamos después sufriendo enfermedades innecesarias. Como dicen los neurocientíficos cognitivos: «Lo que no resuelves en tu mente, tu cuerpo lo convierte en una dolencia».

A propósito, no solo en los tiempos bíblicos hubo creyentes como María, que con un corazón humilde se sometieron a los planes de bien de Dios para su vida en lugar de los suyos propios. Durante el siglo XIX, el creyente George Müller, quien anhelaba ser misionero, se sometió a Dios al abrir un orfanato cuando él se lo mandó; a lo mejor porque en Salmos 68 se habla del Señor como el «padre de los huérfanos" que vela por ellos.

Tan notable como la de María fue la fama de Müller y sus seguidores cuentan historias interesantes sobre él. En una de ellas, su sirvienta le dijo: «Sr. Müller, la reina de Inglaterra está en la sala y quiere hablarle», a lo que él contestó: «Dígale a la señora reina que ahora estoy ocupado, pues estoy hablando con el Rey de Reyes y no podré atenderla».

Leamos otra anécdota:

> En otra oportunidad, su orfanato amaneció sin ningún alimento para los más de 1000 huérfanos que allí habitaban en aquella ocasión. Cuando la desesperación se apoderó de todos los funcionarios, Müller dijo: «No le pido nada al hombre, mi alianza es con Dios».

> Así que entró a su habitación y oró: «Padre de los huérfanos, nos falta pan. En el nombre de Jesús, Amén». Después de un tiempo, varias carretas con panes llegaron a la puerta del orfanato y el jefe que las conducía dijo: «Sr. Müller, fuimos a entregar estos panes a la familia real en el castillo, y dijeron que los panes estaban muy asados. De esta manera, para no tirarlos, decidimos donar al orfanato».
> Müller dijo: «No fueron los panes los que pasaron del punto, sino Dios que atendió nuestra oración y tuvo misericordia de nosotros».[3]

Con ese corazón humilde y tierno como el de Dios, Müller sirvió como un gran evangelista. Tuvo una comunión envidiable con él y, según relatan sus biógrafos, tenía un cuaderno en el que anotó más de 50 000 oraciones que habían sido respondidas por el Señor.

En fin, para cerrar este capítulo, ahora sí podemos concluir que la humildad es igual a dependencia de Dios, mientras que el orgullo es sinónimo de independencia de él.

---

[3]Las anécdotas referidas provienen del sitio web https://vidacristiana.com/2024/02/gente-de-reino-jorge-muller/, donde se puede conocer más sobre el legado de este gran personaje.

Capítulo 8

Un corazón conforme piensa el de Dios

¿Quién es Penina? ¡Qué nombre tan raro! En hebreo, *penina* es 'piedra preciosa', pero de acuerdo a la Palabra de Dios es un personaje que afligía a Ana. En Samuel 1 se la presenta como su rival, quien solía atormentarla para que se enojara porque el Señor la había hecho estéril. ¡Qué curioso!, el nombre significa una roca bonita con la que tal vez te harías un collar, pero el corazón del personaje no era compasivo, según el verso 7: «Cada año, cuando iban a la casa del Señor, sucedía lo mismo: Penina atormentaba a Ana hasta que se ponía a llorar y ni comer quería».

Algo no checa aquí, o, como dice un dicho popular, «no todo lo que brilla es oro». En efecto, Penina era una mujer muy fértil que le daba muchos hijos a Elcana y, cuando llegaba el día de ofrecer el sacrificio, su esposo solía darle a ella y a sus hijos la porción que les correspondía; pero Ana recibía una porción especial porque su esposo la amaba, a pesar de ser estéril.

En una ocasión en la que fueron a Siló, Ana se levantó después de la comida y, a la vista del sacerdote Elí, que estaba sentado en su silla junto a la puerta del santuario del Señor, intuyó que había un camino diferente en lugar de dejarse atormentar por Penina. Cuando estuvo frente al santuario que representa el corazón de Dios, ella hizo una petición que cambió la historia del pueblo hebreo. En 1 Samuel 1:11 (NVI), oró conforme al corazón de Dios:

Entonces hizo esta promesa: «Señor de los Ejércitos, si te dignas mirar la desdicha de esta sierva tuya, y si en vez de olvidarme te acuerdas de mí y me concedes un hijo varón, yo te lo entregaré para toda su vida, y nunca se le cortará el cabello».

Más adelante, cuando, en respuesta a su petición, tuvo un hijo, elevó otra oración en la que se observa que discernía los pensamientos bajo una dimensión más plena, como está escrito en 1 Samuel 2:1-10 (NVI):

> Mi corazón se alegra en el Señor; en él radica mi poder. Puedo celebrar su salvación y burlarme de mis enemigos. Nadie es santo como el Señor; no hay roca como nuestro Dios. ¡No hay nadie como él! Dejen de hablar con tanto orgullo y altivez; ¡No profieran palabras soberbias! El Señor es un Dios que todo lo sabe, y él es quien juzga las acciones. El arco de los poderosos se quiebra, pero los débiles recobran las fuerzas. Los que antes tenían comida de sobra se venden por un pedazo de pan; los que antes sufrían hambre ahora viven saciados. La estéril ha dado a luz siete veces, pero la que tenía muchos hijos languidece.
>
> Del Señor vienen la muerte y la vida; él nos hace bajar al sepulcro, pero también nos levanta. El Señor da la riqueza y la pobreza; humilla, pero también enaltece. Levanta del polvo al desvalido y saca del basurero al pobre para sentarlos en medio de príncipes y darles un trono esplendoroso. Del Señor son los fundamentos de la tierra; ¡Sobre ellos afianzó el mundo! Él guiará los pasos de sus fieles, pero los malvados se perderán entre las sombras.
>
> **¡Nadie triunfa por sus propias fuerzas! El Señor destrozará a sus enemigos; desde el cielo lanzará truenos contra ellos. El Señor juzgará los confines de**

la Tierra, fortalecerá a su rey y enaltecerá el poder de su ungido.

Cuando Ana pensaba que podría ser como Penina, se sentía miserable. Ella nada tenía y su rival parecía tenerlo todo; por eso se sentía con derecho a atormentarla. Así se conduce una mujer que no tiene un corazón conforme al de Dios y el mundo está lleno de Peninas. También de corazones permeados de la filosofía de la vieja naturaleza, que hace a las mujeres ver solo «moros con tranchetes» y todos los caminos cerrados, como le sucedió muchas veces a Ana.

No obstante, los pensamientos y los caminos de Dios no son como los nuestros, como dice Isaías 55:8-9 (NVI): «"Porque mis pensamientos no son los de ustedes, ni sus caminos son los míos", afirma el Señor. "Mis caminos y mis pensamientos son más altos que los de ustedes; ¡más altos que los cielos sobre la tierra!"».

Por eso, cuando Ana se sintonizó con ellos y los creyó con todo su corazón, su discurso cambió. Antes, ella pensaba que el éxito de una mujer era ser como Penina, tener muchos hijos y que su esposo la honrara por eso. Su esterilidad física la hizo sentirse angustiada, pero su realidad se modificó al buscar al Señor; cambió su forma miserable de pensar porque encontró que podía orar conforme pensaba el corazón de Dios, abrazar sus caminos y luego componer oraciones que traerían esperanza a muchas mujeres en el mundo.

En cuanto a Elcana, el esposo que la amaba y que reservaba una porción especial cuando llegaba el tiempo de ofrecer los sacrificios al Señor, representa la oportunidad que Dios nos da a todas las creyentes en Jesucristo de aprender a pensar como él, ¡y discernir sus caminos porque nos ama!

Capítulo 9

Corazón de Shaddai conforme al de Dios

¿Acaso Dios tiene corazón de madre? ¿En qué parte de la Biblia podemos encontrar su corazón de madre que da instrucciones a un hijo? En Proverbios 31:1-10 (NTV), esta vez no escrito por el rey Salomón:

> Los dichos del rey Lemuel contienen el siguiente mensaje, que le enseñó su madre.
> Oh, hijo mío; oh, hijo de mi vientre; oh, hijo de mis votos, no desperdicies tu vigor con mujeres, esas arruinan a los reyes.
> No es para los reyes, oh, Lemuel, beber mucho vino. Los gobernantes no deberían ansiar bebidas alcohólicas. Pues si beben, podrían olvidarse de la ley y no harían justicia a los oprimidos. Las bebidas alcohólicas son para los que están muriendo, y el vino para los que sufren angustias amargas. Que beban para olvidar su pobreza y nunca más se acuerden de sus problemas.
> Habla a favor de los que no pueden hablar por sí mismos; garantiza justicia para los abatidos. Sí, habla a favor de los pobres e indefensos, y asegúrate de que se les haga justicia…
> **¿Quién podrá encontrar una esposa virtuosa y capaz? Es más preciosa que los rubíes.**

Toda la Palabra de Dios está escrita por profetas para enseñarnos. Aquí la madre expresa al fruto de su vientre sus deseos y cómo debe conducirse para no perder el rumbo. Comienza advirtiéndole sobre las implicaciones que tiene el darse a la bebida, entre ellas que lo hará olvidarse de las Escrituras. También le recuerda que su propósito en la vida incluye compartir la justicia que otorga Cristo a los abatidos y enlutados. Continúa aseverando que una mujer virtuosa teme a Dios y es difícil de encontrar porque no vive solo para ella ni para sus hijos, sino que también goza de un corazón que estudia, trabaja, invierte, tiene negocios, ahorra, alarga su mano al pobre, cuida la reputación de su marido, provee el Evangelio, es alegre, abre su boca con sabiduría, se viste de lino fino mientras camina en las buenas obras que Dios preparó de antemano y es alabada por el fruto que da.

¡Qué increíble todo lo que enseña un corazón de madre! Así es el corazón maternal de Dios, que se llama *El-Shaddai*, que significa 'el que tiene pecho, el que nutre, suple y satisface'.

En Génesis 35:11 (NTV), Dios le dice a Jacob: «Yo soy El-Shaddai; "Dios Todopoderoso". Sé fructífero y multiplícate. Llegarás a formar una gran nación; incluso, de ti saldrán muchas naciones. ¡Habrá reyes entre tus descendientes!».

El corazón maternal de Dios no era exclusivo para unos cuantos ni solo para los chiquillos que corrían por el campamento de Jacob en los tiempos bíblicos, sino para dirigir al apóstol Pedro en la enseñanza a los judíos. También levantó la voz del apóstol Pablo para ver por los gentiles, ya que el corazón de madre conlleva mandamientos para cumplir con la reproducción biológica, sin dejar de lado la multiplicación, gracias a todo lo que implica el tener un corazón maternal como el de Dios.

El 10 de mayo, cuando escribí este capítulo del libro, le hablé a Lety Flores, la mujer que oró por mí mientras jugaba tenis conmigo en Cuernavaca, me compartió sobre Jesucristo y me enseñó la justificación por fe y no por obras, para agradecerle el que se hubiera conducido como una madre espiritual conmigo.

Ella tiene dos hijas biológicas, Sandy y Karen, pero con corazón de Shaddai conforme al de Dios, en la actualidad maneja una escuela cristiana y sigue ejerciendo sus dones de madre.

Vale recordar que las más importantes instrucciones de Jesús, antes de ascender al cielo, quedaron registradas en Hechos 1:8 (NTV):

> ... recibirán poder cuando el Espíritu Santo descienda sobre ustedes; y serán mis testigos y le hablarán a la gente acerca de mí en todas partes: en Jerusalén, por toda Judea, en Samaria y hasta los lugares más lejanos de la Tierra.

Y tú, ¿en qué lugar te encuentras? En efecto, Jerusalén representa lo que el Deuteronomio 6:5-9 (NVI) señala:

> Ama al Señor tu Dios con todo tu corazón y con toda tu alma y con todas tus fuerzas. Grábate en el corazón estas palabras que hoy te mando. Incúlcaselas continuamente a tus hijos. Háblales de ellas cuando estés en tu casa y cuando vayas por el camino, cuando te acuestes y cuando te levantes. Átalas a tus manos como un signo; llévalas en tu frente como una marca, escríbelas en los postes de tu casa y en los portones de tus ciudades.

Por supuesto, cada mujer tiene un corazón de madre como el de Dios para reproducirse instruyendo a sus hijos biológicos (a sus padres y hermanos, si es soltera), pero también para multiplicarse enseñando a otras y otros para que conozcan al único Dios verdadero y a Jesucristo, su Hijo, a quien él ha enviado.

También está Judea, que son sus familiares y amistades más cercanas. Sin quedarse atrás Samaria, que es la ciudad inconversa donde cada una vive y clama por conocer al Dios verdadero. Y para las mujeres que ya son adultas mayores o de la tercera edad están los confines de la Tierra, donde va intercediendo, no dejando de servir al Señor e ideando maneras para dejar un legado de su testimonio, ya que una mujer con un corazón de madre como El Shaddai puede escribir un libro acerca de su asignación en la vida, junto con los dones que Dios le dio para cumplirla y publicarlo. O bien como hizo mi querida amiga, la dentista Lolita Trueba, de la Organización Misionera Betel, quien a los 40 años cerró su consultorio, se fue de misionera a la India y lleva más de 20 años multiplicándose como madre espiritual. De hecho, ella no tuvo hijos biológicos, ¡pero tiene muchos espirituales en Asia!

En mi opinión, nuestro corazón de madre conforme al de Dios es para luchar, como El-Shaddai, por los esclavos y las esclavas espirituales que abundan en el mundo, porque no existe el monopolio de «la jefecita» para las mexicanas. Esa postura doctrinal maternal opera bajo un espíritu de matriarcado obsesionado con «su Jerusalén».

Todas las mujeres conforme al corazón de Dios, por haber sido adoptadas por él, en cualquier contexto social o cultural merecen ser alabadas y reconocidas por sus obras, de manera pública, como se escribe en Proverbios 31.

Cuando ellas creen en los sufrimientos de Jesús, descritos en Isaías 53, se les otorga un corazón de madre conforme al de Dios, como explica el mismo libro en el capítulo 54, versos del 1 al 3:

> «Tú, mujer estéril que nunca has dado a luz, ¡grita de alegría! Tú, que nunca tuviste dolores de parto, ¡prorrumpe en canciones y grita con júbilo! porque más hijos que la casada tendrá la desamparada», dice el Señor.
> «Ensancha el espacio de tu carpa, y despliega las cortinas de tu morada. ¡No te limites! Alarga tus cuerdas y refuerza tus estacas. Porque a derecha y a izquierda te extenderás; tu descendencia desalojará naciones y poblará ciudades desoladas».

Capítulo 10

Un corazón de luz conforme al de Dios

¿Qué es un injerto? Es un procedimiento de propagación que consiste en adaptar o juntar un segmento de una planta a otra que sirve de patrón, de modo que resulte un único organismo con características genéticas y fisiológicas compartidas. En el plano humano, se injerta una porción de piel, hueso u otro tejido sano para reemplazar tejido enfermo o lesionado de otra parte del cuerpo.

Ya en los tiempos bíblicos se practicaban injertos; en el Nuevo Testamento se los menciona en varias ocasiones. Ramas de un olivo saludable se injertaban en los troncos de especies silvestres, buscando fuerza y resistencia de raíces y frutos mejorados.

Veamos cómo en Romanos 11:17-24 (NTV) Pablo alegoriza el injerto para comparar la relación entre los llamados cristianos gentiles y judíos:

> Algunas ramas del árbol de Abraham —algunos del pueblo de Israel— han sido arrancadas; y ustedes, los gentiles, que eran ramas de un olivo silvestre, fueron injertados. Así que ahora ustedes también reciben la bendición que Dios prometió a Abraham y a sus hijos, con los cuales comparten con ellos el alimento nutritivo que proviene de la raíz del olivo especial de Dios. Así que no se jacten de haber sido injertados para reemplazar a las ramas que fueron arrancadas. Ustedes son solo una rama, no son la raíz.

> Tal vez digas: «Bueno, esas ramas fueron arrancadas para darme lugar a mí». Es cierto, pero recuerda que esas ramas fueron arrancadas porque no creyeron en Cristo, y tú estás allí porque sí crees. Así que no te consideres tan importante, más bien teme lo que podría suceder. Pues, si Dios no perdonó a las ramas originales, tampoco te perdonará a ti. Fíjate en que Dios es bondadoso, pero también es severo. Es severo con los que desobedecen, pero será bondadoso contigo si sigues confiando en su bondad. En cambio, si dejas de confiar, tú también serás arrancado por completo. Y si el pueblo de Israel abandona su incredulidad, volverá a ser injertado, pues Dios tiene poder para volver a injertarlo en el árbol. Por tu naturaleza, tú eras una rama cortada de olivo silvestre. Por lo tanto, si Dios estuvo dispuesto a ir en contra de la naturaleza al injertarte en un árbol cultivado, él estará mucho más dispuesto a injertar las ramas originales en el árbol al que pertenecen.

Sin dudas, las ramas originales eran los judíos, pero gracias al trabajo terminado en la cruz los gentiles también pudimos pasar a formar parte del pueblo de Dios. El Señor lo ilustra usando ese proceso natural de la vegetación llamado injerto; pero también Jesús enseñó, a través de las enseñanzas que llegarían a todo el mundo, que él es la planta original y su Padre es quien corta las ramas estériles y cuida con esmero las ramas que producen frutos. Explicó asimismo que nosotras debemos estar conscientes de la importancia de permanecer en él para que podamos ser fructíferas, pues de lo contrario Dios dejará de ser visto a través de nuestras vidas. Así quedó escrito en Juan 15:1-6 (NTV):

> Yo soy la vid verdadera, y mi Padre es el labrador. Él corta de mí toda rama que no produce fruto y poda las ramas que sí dan fruto, para que den aún más. Ustedes ya han sido podados y purificados por el mensaje que les di.

> Permanezcan en mí, y yo permaneceré en ustedes. Pues una rama no puede producir fruto si la cortan de la vid, y ustedes tampoco pueden ser fructíferos a menos que permanezcan en mí. Ciertamente, yo soy la vid; ustedes son las ramas. Los que permanecen en mí y yo en ellos producirán mucho fruto porque, separados de mí, no pueden hacer nada. El que no permanece en mí es desechado como rama inútil y se seca. Todas esas ramas se juntan en un montón para quemarlas en el fuego.

Ahora bien, en la enseñanza anterior, Jesús no estaba dando clases de moral para pararse el cuello y que todos se quedaran atónitos. Él predicaba para que conociéramos el corazón de su Padre y apreciáramos todo lo que recibiríamos al estar en él, como el ejemplo del «fruto», que representa todo lo que nuestra vida produce en esta tierra, para que Dios sea visto. Por eso usó muchos otros ejemplos que ilustran verdades espirituales, que, cuando se analizan en sentido espiritual, nos confirman que somos personas muy productivas al participar de su misma naturaleza del modo que un injerto participa de un tronco y su raíz.

«Yo soy la luz del mundo. Si ustedes me siguen, no tendrán que andar en oscuridad porque tendrán la luz que lleva a la vida» (Juan 8:12, NTV), fue otra expresión que Jesús hizo sobre sí mismo. Con ella da a entender que su corazón, y lo que sale de allí, es como una potente linterna o antorcha para que las personas ya no tropiecen con las trampas de su carne y los engaños del diablo. También ilumina nuestro entendimiento para que podamos discernir las obras de los malvados y sus intenciones, a fin de que no sigamos sus destructivas filosofías.

En la misma orientación, allí se encuentra un mensaje para las que tenemos al Señor en nuestro corazón: «... tendrán la luz que lleva a la vida», del que podemos deducir que iluminamos a muchos porque estamos injertadas en esa luz. Es decir, esto es bíblico: tenemos un corazón de luz conforme al de Dios por haber sido creadas a su imagen y semejanza. Aunque, en el sentido espiritual, el pecado que practicamos nos separó de Dios, la obra de la redención nos injertó de nuevo a él. Recuperamos nuestro corazón inicial diseñado conforme al de Dios para ser luz y vivir alumbrando a otros. Por ello, en su primer sermón a las ovejas perdidas de Israel, que estaban recostadas y relajadas sobre la hierba, Jesucristo les dijo:

> Ustedes son la luz del mundo, como una ciudad en lo alto de una colina que no puede esconderse. Nadie enciende una lámpara y luego la pone debajo de una canasta. En cambio, la coloca en alto donde ilumina a todos los que están en la casa. De la misma manera, dejen que sus buenas acciones brillen a la vista de todos para que todos alaben a su Padre celestial (Mateo 5:14-16, NTV).

En conclusión, las hijas de Dios tenemos un corazón conforme al de él para alumbrar a otros al producir las obras que Jesús hizo cuando estuvo en la Tierra. Incluso, haremos obras mayores que él, como enseña la palabra de Dios en Juan 14. Así se confirma que nuestro corazón maternal conforme al Shaddai de madre, al que nos referimos en el capítulo anterior, también va acompañado de su luz para iluminar a Jerusalén, Judea, Samaria y los confines de la Tierra por medio de lo que pensamos y decidimos creer de la Palabra de Dios. De la abundancia de nuestro corazón hablarán luego nuestras bocas, junto con las correspondientes acciones en nuestros hogares, iglesias, hospitales, orfanatos, cárceles y en todo lugar que necesite Luz.

Capítulo 11

Un corazón de amor conforme al de Dios

Un esquema es un marco de conocimiento cuya utilidad radica en que nos permite hacer más corto y expedito el camino de una interpretación cuando disponemos de abundante información. Por ejemplo, ¿cuántas veces encontramos el sustantivo *amor*, o el verbo *amar* en la Biblia? Según los cálculos efectuados por algunos curiosos, aparece alrededor de 250 veces, sin contar los pasajes en donde se encuentra conjugada la acción de amar e incluso la primera carta del apóstol Juan, que trata sobre el amor. Por lo tanto, un esquema vertical, solo con algunos versículos que contengan dichos conceptos, puede resumir y demostrar que gozamos de un corazón conforme al de Dios en dicho sentido.

A continuación, se enumeran nueve versículos que permiten una cercana interpretación sobre el tema:

1. *Dios es amor* (1 Juan 4:8).
2. *El amor de Dios ha sido derramado en nuestros corazones* (Romanos 5:5).
3. *Amarás al Señor tu Dios con todo tu corazón, con toda tu alma, con toda tu mente y con todas tus fuerzas* (Deuteronomio 6:5).
4. *Amarás a tu prójimo como a ti mismo* (Mateo 22:39).
5. *El amor es paciente, es bondadoso* (1 Corintios 13:4).

6. *El amor no se deleita en la maldad, sino que se regocija con la verdad. Todo lo disculpa, todo lo cree, todo lo espera, todo lo soporta* (1 Corintios 13:6-7).
7. *El amor cubre multitud de faltas* (Proverbios 10:12b).
8. *Más vale comer verduras sazonadas con amor que un festín de carne sazonada con odio* (Proverbios 15:17).
9. *El fruto del espíritu es amor* (Gálatas 5:22).

La esquematización de estos versículos, aunada a algunas de sus aplicaciones, ante todo nos permiten, primero, apreciar que uno de los atributos de Dios es el amor. Luego, podemos preguntarnos: ¿Para qué derramó su amor en nuestros corazones? Encontramos la respuesta en las siguientes premisas: primero, para amar por completo al Señor. Segundo, para amar al prójimo; y tercero ¡como a nosotras mismas!

¿Cuáles características destacan en esa clase de amor?: «Es paciente, es bondadoso»; «no se deleita con la maldad, sino que se regocija con la verdad, todo lo disculpa, todo lo cree, todo lo espera, todo lo soporta» y «cubre multitud de faltas». Tan importante es, que hasta el comer es muy sabio hacerlo con amor. Además de que todo esto es posible ¡porque el Espíritu Santo nos ministra el amor de Dios desde adentro de nuestro corazón!

En virtud de lo anterior, podemos creer que tenemos un corazón para amar conforme al de Dios. Él es amor y el suyo está derramado en nuestros corazones con sus características; lo tenemos a la mano para dárselo a otros, a nosotras mismas y hasta a los alimentos que entran a nuestros propios cuerpos. El tema es tan trascendental, que el mismo Señor dice que de las tres virtudes, la fe, la esperanza y el amor, la de mayor excelencia es esta última. Esto se puede ilustrar con dos hojas y un papel carbón entre ellas. En el centro de la primera hoja podemos dibujar un corazón con la palabra *amor* dentro de este y, alrededor, trazar ondas que irradien hacia las esquinas de la hoja. Después de retirar el papel carbón, la hoja trasera queda idéntica a la de adelante.

Con este ejemplo, en el que conceptualizamos con dibujos, comprendemos lo que sucede en nuestro corazón gracias al trabajo terminado de Jesús en la cruz, que permitió que Dios imprimiera su corazón de amor en el nuestro. Analizado de esta manera el concepto de *amor* con un esquema de versos bíblicos y acciones del verbo *amar*, además del dibujo que representa el corazón de Dios calcado sobre el nuestro, se hace más claro el entendimiento de cómo albergamos en lo profundo de nuestro corazón la mente de Cristo, y decidimos amar en sentido bíblico a quien sea, hasta a los «no amables».

A propósito, recuerdo a una mujer que conocí hace muchos años, llamada Jessica Avendaño. Yo la bauticé como una mujer a-m-a-b-l-e porque, al ser una persona fácil de amar, se me hizo muy placentero el servirla. Así como escribo el testimonio, pues la intención de este capítulo es percatarnos de que con un corazón de amor conforme al de Dios somos conscientes de que no solo es fácil amar personas «amables», sino hasta a las que no lo son tanto.

En definitiva, Dios es amable; es decir, fácil de amar, aunque algunas personas, al no tener a Jesús en sus corazones, no lo puedan comprender. Sin embargo, no por eso Dios no es digno de amar. Con el solo hecho de haber dado a «su Hijo Unigénito para que todo aquel que en él cree no se pierda, sino tenga vida eterna» se vuelve muy amado por quienes han tenido un encuentro con él.

Pero ¿a quién o a qué le será difícil amar a las mujeres? En este siglo malvado de las selfis y las dietas, pues a ellas mismas y a los alimentos. Por desgracia, a diario están expuestas a demasiada información no fundamentada en la verdad, que opina y asegura cómo tiene que verse su físico y lo que no debe comer para lograrlo. Por tal motivo, el Señor dejó el mandamiento «Amarás a tu prójimo como a ti mismo», porque en la medida que tomemos consciencia de cuánto nos amamos, será más sencillo apreciar cómo irradiamos, o no, ese amor hacia otros; como en el ejemplo del esquema del corazón irradiando ondas de amor calcado en la hoja.

Ahora bien, volviendo a esta esquematización, no es solo para resaltar cómo es el amor a los hijos o quiénes son fáciles de amar. Esas ondas equivalen a las primeras que se forman en un lago cuando arrojas una piedra, ¡no cuesta trabajo que se formen! Lo interesante es observar cómo se van formando círculos más y más grandes, que representan a todas las personas que nos rodean. Por eso el amor no es un sentimiento como tal, es una emoción sana que emerge de una decisión sabia, para que entonces la gente lo perciba y algunos le correspondan.

Hasta la comida tiene macronutrientes que reciben el amor con el que los consumimos, pero cuando a través de su cuerpo la mujer se odia a sí misma, ataca los hidratos de carbono porque engordan; le tiene pánico al azúcar, evita las proteínas porque tienen muchas calorías e idolatra las verduras, y si son orgánicas mejor. Ella seguirá sufriendo de autopercepciones paranoicas, que son las que estarán ocasionando muchos posibles desórdenes alimenticios en la población femenina.

¡De esta manera el diablo destruye rápido a las mujeres, en especial a las que son jóvenes! Aunque en realidad todo lo que contienen los alimentos son componentes que se desdoblan en energía para que el cuerpo funcione de forma correcta. El sabio rey Salomón lo dijo: «Es mejor comidita de verduras con amor, que un buey engordado con odio». Él sabía que podemos afectarnos a nosotras mismas de muchas formas, en vez de amarnos con el corazón de amor que Dios ya nos proveyó.

Como las ondas de la hoja que se extienden, pero en sentido contrario, se siente odio hacia sí mismas, hacia otras personas o hacia la comida. Lo cual puede ser muy común que suceda cuando no hemos discernido con el corazón la Palabra de Dios con sus mandamientos y prescripciones.

En el caso de los desórdenes alimenticios en mujeres que sufren de bulimia o anorexia, y que se detestan cuando se miran al espejo, no solo se presenta la satanización de cierto tipo de comida porque engorda, también la obsesión de hacer dietas y ejercicios a diario para no engordar. Por eso en la actualidad los gimnasios son negocios muy rentables y, al extremo, se han convertido en centros de culto al cuerpo.

Cabe precisar que las hijas de Dios que padecen lo antes descrito, o de algo parecido, no están enfermas; solo tienen un error de percepción del problema desde su corazón. Aquí se confirma la visión del presente libro, que pretende evitar que las mujeres solo seamos buenas para adquirir conocimientos académicos de la Biblia, sino que aprendamos a vivir discerniendo la naturaleza de Dios que ya nos fue otorgada, gracias al trabajo terminado de la cruz. A la vez, nos responsabilizará y llevará a experimentar lo aprendido, como dice el Señor: «El pueblo que conoce a su Dios, se esforzará y actuará».

Siguiendo el ejemplo de la comida, cuando no hay esfuerzo por pensar (meditar) en la información bíblica, para después decidir aplicarla incluso cuando comemos, caemos en los «deberes» de las dietas y la religión, lo que nunca logramos cumplir al cien por ciento, pero sí se los recetamos muy bien a otros.

¿Cuántas veces no oramos por los alimentos y después de ingerirlos creemos con todo nuestro corazón que nos engordarán o enfermarán? Si pensamos mejor lo que oramos sobre ellos, será más difícil que nuestro cuerpo registre que son unos enemigos que se metieron a nuestro aparato digestivo para perjudicarnos. Eso significa que ¡es mejor comer con amor, que con odio!

El amor hacia sí misma involucra no solo lo anterior, es extensivo a todo aquello que tiene que ver con nuestra persona: el aspecto físico, los dones, las debilidades, el llamado y hasta la edad que tenemos. Lo contrario al amor es el odio y sin amor, dijo el apóstol Pablo, nada somos. Podemos ser expertas actrices para funcionar en sociedad y en la iglesia, pero nuestro corazón estará lejos de Dios; como el Señor señaló: «Este pueblo de labios me honra, pero su corazón está lejos de mí».

En fin, el tema del amor abordado de esta forma nos confirma de nuevo la visión de *Mujeres conforme al corazón de Dios*: comprender y disfrutar de un corazón conforme a las mismas características del corazón de Dios para enfrentar cualquier cosa, como él la enfrentaría. Solo así viviremos la realidad espiritual que establece que el Señor siempre nos lleva de gloria en gloria y de triunfo en triunfo, y manifiesta en todo lugar el olor de su conocimiento.

Capítulo 12

Un corazón alegre conforme al de Dios

En una entrevista que le hicieron a Naomi Osaka, jugadora japonesa de tenis profesional, quien ocupó la primera posición en individuales de la clasificación de la Asociación de Tenis Femenino, y fue la primera jugadora asiática en lograrlo, me sorprendieron estas palabras: «Perdemos cuando olvidamos quiénes somos».

Desde luego, acababa de perder en un partido donde se esperaba que fuera la ganadora, pero lo interesante fue que habló sin lágrimas y con la típica actitud japonesa de cuidar su honor. Entonces me puse a pensar, ¿será que la alegría se nos va cuando olvidamos quiénes somos en Cristo?

La felicidad puede ser una buena teoría, ya hay muchos libros que hablan de ella y de cómo lograrla. Algunos neurocientíficos dicen que el cerebro es el órgano de la felicidad; mientras que expertos en nutrición sostienen que lo que comemos no solo produce endorfinas, sino que desdobla los neurotransmisores de la alegría. También hay publicaciones en sitios web sobre salud alimentaria que afirman que consumir cúrcuma o alimentos que contengan zinc produce felicidad.

El intestino contiene 500 millones de neuronas que se conectan con el cerebro de forma bioquímica, comunicadas a través del sistema nervioso mediante neurotransmisores. Según la medicina psiquiátrica, ellos son los responsables de los diferentes estados de ánimo de la gente, como la serotonina, que contribuye a los sentimientos de bienestar y felicidad.

Sin embargo, si las personas comen bien, pero se encuentran estresadas y preocupadas, lo que coman no ayudará mucho para estabilizar sus vidas emocionales. Al contrario, una actividad eléctrica desbalanceada en el cerebro enviará señales de alerta a las glándulas, que producirán adrenalina y cortisol, hormonas relacionadas con los estados de ansiedad, pánico y conductas obsesivas. De tal manera que ¡el estrés podría estar entrando por una puerta y la felicidad saliéndose por una ventana!

Entonces, cómo podemos discernir lo que en Proverbios 15:15b (NTV) se cita: «... para el de corazón feliz, la vida es un banquete continuo». O lo que al respecto enseña Romanos 14:17 (NVI): «Porque el reino de Dios no es cuestión de comidas o bebidas, sino de justicia, paz y alegría en el Espíritu Santo».

La única manera es remitiéndonos al corazón, que es el lugar indicado para encontrar la felicidad. Por supuesto, una buena comida genera endorfinas y el vino libera dopamina, pero cuando se acaban sus efectos, y si comimos o bebimos de más, la alegría temporal que los produjo se convertirá en un martirio por la condenación del exceso, el comportamiento poco sabio y los malestares físicos que conlleva. Al respecto, la Palabra de Dios solo da una orden, como en 1 Tesalonicenses 5:16 se precisa: «Estén siempre alegres».

Como escribió C. S. Lewis en su autobiografía *Sorprendido por la alegría* (en la que narra su conversión al cristianismo), la alegría nos tiene que sorprender, en lugar de tratar de producirla comiendo, bebiendo, comprando cosas, anhelando una vida sin problemas o esperando ser personas famosas y populares. Por eso los jóvenes de esta generación la persiguen con fiestas, drogas, música, alcohol, relaciones sexuales, etc., que después les sale «más caro el caldo que las albóndigas», como dice el viejo refrán mexicano, porque pueden quedar atrapados allí, dejando de florecer de sana manera.

A fin de cuentas, la felicidad no está afuera de nosotros; se encuentra dentro del corazón, donde habita el Dios alegre del que se habla en Sofonías 3:17: «Pues el Señor tu Dios vive en medio de ti. Él es un poderoso salvador. Se deleitará en ti con alegría. Con su amor calmará todos tus temores. Se gozará por ti con cantos de alegría».

Así también, en Zacarías 9:9 (RVR1960), se exhorta a alegrarse al pueblo de Dios: «Alégrate mucho, hija de Sion; da voces de júbilo, hija de Jerusalén; he aquí tu rey vendrá a ti, justo y salvador, humilde y cabalgando sobre un asno, así sobre un pollino hijo de asna».

Por cierto, dicha profecía tendría su cumplimiento con la humilde llegada de Jesucristo montado sobre un asno, que tipificaría también un corazón sencillo que acepta a Jesús como su Señor. Él pudo decidir venir sobre un potente toro de lidia o un brioso purasangre, que representan el orgullo y la prepotencia. Sin embargo, en esos corazones no se puede manifestar la alegría, porque la rebeldía siempre opaca los rostros de las personas.

Por lo mismo, es importante no comprar la filosofía que vende cierta gente religiosa de que es muy espiritual e intelectual una cara seria que no muestra emociones alegres. Aunque, de manera paradójica, con las películas sí aprueben que la gente ría con liberalidad ante un buen chiste o una escena simpática. Eso no es sinónimo de auténtica felicidad dentro del corazón, es solo un buen estímulo externo y el corazón puede seguir afligido y triste por dentro. Solo el corazón contento de una persona alegrará su rostro, cuando toma conciencia de que Dios tiene un corazón alegre montado sobre el de ella. Luego experimentará la alegría que produce el Espíritu Santo, como en Gálatas 5:22.

Muchas veces los creyentes se dicen unos a otros «anímate», en virtud de que la palabra *alegría* en griego significa 'animado'. Por su parte, los judíos cuentan con diez palabras hebreas para decir *alegría* y denotar felicidad, las cuales conforman una disertación ética más que una serie de mandatos y muestran efectos visibles:

- *Sason.* Actos externos para demostrar felicidad, sonreír, vestirse bien u organizar un banquete.

- *Simjá.* Felicidad interna y continua. Un estado de ánimo que es del alma y perdura con el tiempo por causa de algo significativo y trascendente.

- *Gila.* Es euforia, punto cúspide de felicidad; una sensación que el cuerpo no puede detener por su intensidad y que se caracteriza por su cualidad explosiva. Proviene de la palabra *gal*, que quiere decir 'ola'.

- *Rina.* Nombre judío ligado a la idea de canción, felicidad que se expresa a través del canto.

- *Ditzá* y *jevdà.* Se mencionan juntas en las bendiciones que se dan a los novios en el casamiento. *Ditza* se refiere a la alegría que viene con el baile, con el enamoramiento y con la admiración. Mientras que *jevda* es la alegría que viene del acompañamiento, de estar con los demás.

- *Tiferet.* Palabra con muchos significados que se usa para hablar de la gloria y la belleza, el amor y la justicia, la fuerza de la pasividad, de recibir, de dar y de dirigirse hacia otro. Aunque se refiere más a la habilidad de admirar y la felicidad que a la paz que este estado genera.

- *Aliza.* Se usa para referirse a la ciudad de Jerusalén, que representa alegría.

- *Tzahala.* Es la felicidad que viene al bailar.

- *Chedva.* La felicidad de la unión.

En realidad, estas definiciones hebreas intentan explicar por qué los perfumes e inciensos alegran el corazón y de cómo Dios ama al dador alegre. La felicidad no es un conjunto de reglas rígidas, es más un estado del corazón que de forma automática se activa en un corazón alegre conforme al de Dios. Por eso nuestros hermanos mayores, los judíos, aunque son muy celosos de la ley, también son revoltosos, alegres y danzan en todas sus festividades, sin que les dé pena alguna.

En Ester 9:22, Mardoqueo, el tío de la reina Ester, motiva a los hebreos a celebrar cada año el festival del Purim con alegría y festejos, obsequiándose porciones de comida unos a otros y dando regalos a los pobres. Conmemorando así cuando quedaron aliviados de sus enemigos y su dolor se convirtió en alegría y su duelo en gozo. Es claro que ellos no tenían al Señor en su corazón, pero conocían muy bien a Jehová por medio de la Torah y por eso se conducían como él.

De igual manera, siendo descendiente de los judíos, Jesús no tuvo problema en arrancar su ministerio en una boda donde había baile, fiesta y alegría; incluso su mamá le suplicó que interviniera porque se les había acabado el vino. No obstante, también confrontó con rudeza a los judíos religiosos cuando estaban conduciéndose de forma hipócrita, pues en el pensamiento judío la felicidad se consideraba un valor importante, en especial en el contexto del servicio a Dios.

Por último, en el libro de Proverbios existe una analogía de la alegría con un lagar que rebosa de mosto, igual a un corazón lleno de la alegría de Dios, entendiéndose que el vino en los tiempos bíblicos era reflejo de felicidad por causa de la manifestación de abundancia de Dios bendiciendo a su pueblo. En ese tiempo, en los viñedos hebreos batallaban con zorras que echaban a perder sus frutos, es decir, la felicidad. Sin embargo, se pueden cazar con el consentimiento continuo de que las mujeres ya poseemos un corazón alegre conforme al de Dios para declarar en cualquier momento: «Este es el día que hizo el Señor; nos gozaremos y alegraremos en él», como está escrito en el libro de los Salmos 118:24 (NTV). ¡Para que entonces la vida sí se trate de un «banquete continuo»!

Capítulo 13

Corazón de gracia conforme al de Dios

Al intentar compartirle a un guardia de seguridad en un establecimiento comercial, me impactó lo que dijo, después de que me di cuenta de que era creyente en Jesús:

> –Finalmente, señora, no somos nada, no somos nada y no somos nada. Por eso debemos buscar a Dios.

Casi me convence de que no soy nada, cuando yo sé muy bien que gracias al trabajo terminado de la cruz, para Dios estoy llena de su gracia. Sin embargo, cuando compartimos nuestra fe aprendemos mucho al analizar las respuestas de la gente y cotejarlas con lo que conocemos de la Palabra de Dios; así como muchas veces nos damos cuenta, sin intentar avergonzarles, de todo lo que sabemos del poderoso Espíritu Santo que ahora nos habita.

En este punto, las preguntas son: ¿qué tanto de lo que enseñamos está siendo una realidad en nuestras vidas?, independientemente de ser salvas; y ¿cuánto es puro conocimiento intelectual y ya? En tal sentido, *Mujeres conforme al corazón de Dios* no es un entrenamiento para ir a la guerra ni para que nos pongan medallas por entender la revelación de que gozamos de un corazón conforme al de Dios al compartir su naturaleza, y «tan, tan…». Somos agraciadas por estar completas en Dios, así como las Escrituras nos recuerdan que existe un trono de gracia para que corramos a él, todas las veces que lo necesitemos; como dice en Hebreos 4:16 (NTV): «Así que acerquémonos con toda confianza al trono de la gracia de nuestro Dios. Allí recibiremos su misericordia y encontraremos la gracia que nos ayudará cuando más la necesitemos».

Pero si todo lo que somos y tenemos es por la fe, así como a quien cree todo le es posible, ¿para qué existe entonces un lugar celestial para ir por misericordia y gracia cuando estamos en necesidad aquí en la Tierra? ¡Por la fe ya estamos del otro lado y más con un corazón conforme al de Dios!

Casi, casi que «el mundo nos hace los mandados», como solemos decir cuando ya hay un gran dominio sobre algo y creemos que nadie nos puede hacer nada. Podemos caer en la tentación de que, como es por fe, ya es suficiente, porque sin fe es imposible agradar a Dios. Además, ya no tenemos que hacer buenas obras ni adorar ídolos hechos por manos humanas para obtener bendiciones de lo alto. También por la fe en el Señor Jesucristo no solo somos salvas, sino que nuestra casa también.

Ahora, ¿qué pasa cuando lo que creemos de Dios no se manifiesta en nosotras? Por ejemplo, tenemos un corazón alegre conforme al de Dios, pero nos sentimos tristes y preocupadas la mayor parte del tiempo; tenemos un corazón de amor conforme al de Dios, pero nos cuesta trabajo amar a los que nos ofenden; tenemos un corazón de profeta conforme al de Dios, pero no se cumple lo que profetizamos de la Palabra de Dios; tenemos un corazón de luz conforme al de Dios, pero no estamos alumbrando como quisiéramos; tenemos un corazón de sacerdote conforme al de Dios, pero no intercedemos por el pueblo de Dios, como lo hacían los del Antiguo Testamento; tenemos un corazón de reinas, como el de nuestro Rey de Reyes, pero en varias áreas de nuestra vida en lugar de reinar todavía nos encontramos cautivas.

Así, de forma sucesiva, podemos ir estudiando a través de toda la Biblia el corazón de Dios y constatar que el nuestro ya es conforme al suyo por estar en Cristo Jesús; y, sin embargo, continuar viviendo desilusionadas con nosotras mismas porque una cosa es lo que creemos y otra lo que experimentamos en el día a día.

Tal vez la solución sería preguntarnos ¿qué es más importante, la fe o la gracia para poder pensar y actuar en la tierra como en el cielo? Además, ¿para qué necesitamos la misericordia de Dios si ya somos sus hijas y él nunca nos va a castigar, porque todo el juicio ya lo ejecutó sobre su Hijo? ¿Por qué no mejor solo declaramos nuestros versículos favoritos y el nombre del libro donde se encuentran? ¿Acaso no sería así más sencilla la vida, mientras ignoramos lo que está ocurriendo y que no nos cuadra con respecto a lo que creemos, contestando que tan solo no fue la voluntad de Dios?

Para mujeres un tanto religiosas, es posible que sea más fácil conformarse con sus actividades cotidianas. Esperar, por ejemplo, a que llegue el domingo para escuchar un buen sermón e integrar algo nuevo a su corazón, para irla llevando de ese modo mientras otras cumplen con congregarse para recibir un alivio de las cargas de la semana y volver a arrancar con nuevos bríos el lunes temprano. Pero para las que no se conforman con todo lo que sucede en su mundo y lo que se le antoja pensar a su mente carnal, estos cuestionamientos pueden desenredar información malentendida de las Escrituras que no está permitiendo en su vida el fluir de las promesas de Dios como debería ser. Como cuando estamos lavando los platos, el fregadero se tapa y dejamos de enjabonarlos y de enjuagarlos con agua corriente, porque se nos contaminan otra vez con el agua sucia que no puede desalojar la tarja. Entonces corremos por la bomba, succionamos lo que se metió a la tubería y, cuando sale, volvemos a apreciar cómo se van desmanchando los trastes, mientras observamos la blanca espuma del detergente y disfrutamos del aroma que este desprende.

Se hace necesario aquí detener por un momento el ritmo de escritura del libro para preguntarme: ¿Estoy creyendo con toda mi fe lo que he aprendido en la Palabra de Dios y lo estoy poniendo en práctica con gran facilidad? O bien, ¿me honra mucho saber que tengo un corazón conforme al de Dios, pero mi vida no funciona de acuerdo a lo que creo que soy en él?, para entonces aislar la fe de la gracia. La fe es la decisión de creer y la certeza de que sucederá; la gracia, la habilidad del Espíritu Santo en nosotras para confiar y vivir conforme al corazón de Dios, así como el mismo Espíritu es el que nos capacita para creer, como en Efesios 2:8 leemos: «Dios los salvó por gracia cuando creyeron. Ustedes no tienen ningún mérito, es un regalo de Dios».

El Señor nos dio la habilidad para creer en él y entonces ser salvas, puesto que la fe es un don de Dios. Por ejemplo, si un hijo nuestro va al banco a pagar una gran deuda que tenía, con el dinero que le dimos para hacerlo, es evidente que irá creyendo que su deuda va a quedar pagada, aunque hayamos sido nosotras quienes aportamos los recursos para hacerlo. ¡Así hace el Padre celestial!: su Espíritu Santo nos convence del pecado, el sacrificio de Jesús paga nuestra deuda de pecados y su resurrección nos llena de justicia junto con todas las promesas de bendición que hay para las que estamos en Cristo Jesús, porque todo lo hizo por nosotros con su gracia.

Esa gracia no solo nos permite creer, sino que nos capacita para confiar y luego actuar conforme a lo que ya somos en Dios. De igual manera, de nuevo nos guarda de la tentación de vivir conforme a nuestros criterios meramente humanos. Cualquier otro método o camino para apropiarnos de lo que ya somos por haber creído en Jesús como Señor y Salvador será un esfuerzo continuo con pocos resultados; como el «control mental» que ejercen las mujeres cuando deciden pensar en positivo la Palabra de Dios, actuarla con esmero o declararla con énfasis mientras oran.

Al final, no tienen el resultado que ellas esperaban acorde a lo que han creído, pues tener un corazón conforme al de Dios requiere de su gracia para experimentarlo. Por eso Jesucristo dijo que no podemos hacer nada separados de él; ni siquiera tener fe, porque sin gracia volvemos a caer en esfuerzos personales para convencer a Dios o tratar de producir algo.

Pese a sonar redundante, gracias al Señor ya tenemos un corazón lleno de gracia para creer y actuar, como enseña Juan 1:14-17 (NVI):

> Y el Verbo se hizo hombre y habitó entre nosotros. Y hemos contemplado su gloria, la gloria que corresponde al Hijo unigénito del Padre, lleno de gracia y de verdad. Juan dio testimonio de él, y a voz en cuello proclamó: «Este es aquel de quien yo decía: "El que viene después de mí es superior a mí, porque existía antes que yo. De su plenitud todos hemos recibido gracia sobre gracia, pues la ley fue dada por medio de Moisés, mientras que la gracia y la verdad nos han llegado por medio de Jesucristo"».

Entonces, ¿qué procede? Es cierto que tenemos un corazón de gracia como el de Jesús, pero por vivir todavía en un mundo marcado por el pecado dentro de un cuerpo que quiere controlar todo a su antojo necesitamos, de modo consciente activarla en cada ocasión en que vamos a pensar o a aplicar los principios y mandamientos del Señor para algo en específico. En especial cuando es algo difícil de creer o de poner por obra. No importa de lo que se trate, la gracia está para evitar que nuestro esfuerzo personal anule el poder de Dios.

Es posible que sea una gracia para no confiar en la ola de una nueva pandemia, ni en todos los porcentajes de personas que marcan los medios de comunicación que mueren por una determinada enfermedad en el mundo; gracia para declarar que no creemos que los extraterrestres ya nos están invadiendo con las fotos que hacen circular los reporteros; gracia para dar primicias, diezmar y ofrendar con generosidad esperando una abundante cosecha que llene nuestros graneros, etc. En fin, necesitamos gracia aun para abrir nuestra boca y decir algo; o para enviar un mensaje de texto por medio de nuestro celular.

Podemos prescindir de internet y nadie se enferma ni se muere por no tener una computadora; pero sí podemos vivir patinando sobre el mismo lugar cuando vivimos sin gracia. Por eso necesitamos solicitar gracia o habilidad de Dios para cada día. Es mentira que el poderoso iPhone es el que nos resuelve la vida, sino el poder del Espíritu de Dios que vive en nuestro corazón presto para habilitarnos; sobre todo en nuestras debilidades, como está escrito en Corintios 12:7b (NTV): «Mi gracia es todo lo que necesitas; mi poder actúa mejor en tu debilidad».

¿Mi debilidad? Esta también viene incluida en el paquete de la fe y la gracia. Lo cual me recuerda algo que me sucedió en una ocasión cuando mis hijos y yo decidimos cambiarle a su papá su camioneta, con demasiado kilometraje, muy dañada con los años y por el uso laboral. Escogimos la que consideramos era la mejor para sus necesidades, pero también que fuera un modelo nuevo, elegante y muy amplia. Cuando llegó el vehículo, se lo dimos, él volteó y me dijo:

—Yo me quedo con tu coche usado y te doy la camioneta nueva.

¡Solo Dios da la gracia al corazón de un esposo para dar a su esposa su carro nuevo! Desde luego me encantó, pero cuando me subí y vi el tamaño me apaniqué de no poder manejarla y chocar. Oré y le dije al Espíritu Santo:

—Dame tu gracia para manejar un vehículo de este tamaño, y dámela también para orar cada vez que me suba a ella, porque me siento incapaz de conducirla sola.

También observé que cuando caía de la gracia me encontraba buscando mil pretextos para cambiársela a mi esposo porque me daba pena traer un buen carro. Sin embargo, mi esposo siempre me contestó:

—No le creas sus mentiras al diablo, ¡disfrútala!

Entonces comprendí que eso también es gracia de Dios por cualquier ángulo que se observe, hasta para poder disfrutar de sus bendiciones económicas.

Capítulo 14

Un corazón débil conforme al de Dios

«Ese plan ridículo de Dios es más sabio que el más sabio de los planes humanos, y la debilidad de Dios es más fuerte que la mayor fuerza humana». Está escrito en 1 Corintios 1:25 (NTV).

¿Acaso no se trata de una manera irrespetuosa del apóstol Pablo para hablar de Dios? ¿Cómo se atreve siquiera a sugerir que Dios puede padecer debilidad? En la versión Reina Valera 1960 lo dice igual, pero menos fuerte: «Porque lo insensato de Dios es más sabio que los hombres y lo débil de Dios es más fuerte que los hombres» (ambas negrillas mías).

Podemos apreciar, tanto en una versión actualizada de la Biblia como en una más antigua, un mismo concepto que nos instruye sobre la debilidad, un tema que al parecer no es espiritual, pero es más formativo para las hijas de Dios de lo que creemos. Sobre todo en la actualidad, cuando las mujeres no pueden verse débiles en los medios de comunicación ni en la política; menos las artistas, que ahora actúan de policías y pelean a golpes contra los malhechores como si fueran hombres. Por fortuna, hoy destacan las mujeres en todos los ámbitos profesionales, pero lo lamentable es que muchos hombres hasta quieren ser como ellas.

Justo cuando escribía este capítulo, mi esposo y yo tuvimos que cambiar la serie de televisión que empezamos a ver en las noches, por cuanto desde el principio dos ejecutivos jóvenes de una prestigiosa casa de bolsa empezaron a enviarse mensajes amorosos por sus celulares y terminaron besándose en el departamento de uno de ellos. Buscamos otra. Esta vez la trama era de espionaje y una de las personas que captaba los mensajes mediante intervención telefónica era un hombre muy bien maquillado y vestido de mujer. Al principio, pensamos que estaba disfrazado para fungir de espía, pero después siguió actuando como si ese fuera su sexo y todos a su alrededor lo trataban como si fuera una mujer. En el último intento de buscar otro programa, volvió a suceder lo mismo: se mostraba como algo sano la relación entre homosexuales. Terminamos viendo un bonito documental del Norte de Irlanda.

Según la Palabra de Dios, las debilidades de un ser humano no se deben resolver cambiándose de sexo. Es cierto que hay tentaciones porque hay debilidades, y que se puede tener la debilidad de codiciar un coche o el sexo ajeno, pero también hay recursos por parte de Dios para vencer todo tipo de tentaciones. Ahora más que nunca se necesita que la psicología cuente con terapeutas que conozcan la Biblia.

Eva, la primera mujer que existió, no producía adrenalina antes de pecar, pero cuando codició tener algo que no era para ella salió del seguro huerto de Edén y enfrentó depredadores junto con Adán. Tuvieron que vivir en cuevas, se volvieron vulnerables y, por causa de sus debilidades, necesitaron depender otra vez de Dios. En otras palabras, la primera pareja, de la que surge toda la raza humana, sufrieron una radical alteración psicológica y ambiental al quedar separados de Dios. Sin embargo, a lo largo de la historia de la humanidad, la tendencia de hombres y mujeres ha sido desarrollar el perfeccionismo al perder su naturaleza original específica, en lugar de reconocer sus debilidades.

En el sentido bíblico, el polvo es igual a debilidad. En Génesis 3, Dios establece que en esa condición él permitirá que el ser humano sufra a manos del diablo. Por eso una pregunta interesante sería: ¿De qué forma pensamos las mujeres, como polvo o bajo nuestro estado original? En realidad, perdimos todo nuestro estatus divino cuando pecamos.

Existen programas como *Pet friendly*, donde las mascotas son bienvenidas y en algunos lugares tratadas como personas, pero los bebitos son asesinados en el vientre de sus madres. Los seres humanos no somos un adjetivo ni una mascotita, somos un sustantivo; es decir, una entidad fija, a diferencia de los pronombres, cuyos referentes son solo contextuales. Por ejemplo, mi perrita es «la Aceituna», pero yo no soy «la Regina», porque fui creada a imagen y semejanza de Dios, aunque por causa del pecado no me es posible disfrutar de una obediencia perfecta a él. Por eso en Filipenses 1:6 (NVI) el apóstol Pablo escribió: «Estoy convencido de esto: el que comenzó tan buena obra en ustedes la irá perfeccionando hasta el día de Cristo Jesús».

La obra que Dios comenzó en nosotras cuando lo recibimos como Señor y Salvador la va a ir perfeccionando, incluso en las mujeres que han hecho descubrimientos científicos importantes o gozan de liderazgos prominentes en el mundo; ya que de otro modo pensaríamos que solo las mujeres prehistóricas que domesticaban animales, prendían fuego, usaban la rueca y practicaban la agricultura eran unas salvajes que necesitaban ser perfeccionadas.

En la actualidad podemos hablar muchos idiomas, manejar tecnología de punta, usar ropa muy elegante y de marca y hacernos cirugías plásticas sin dejar de necesitar perfeccionamiento. Ser «salvajes» o «modernas» no nos hace a unas menos débiles que otras. Al contrario, un corazón débil conforme al de Dios es bíblico. Jesús, como Hijo de Dios, se despojó de su deidad y se hizo hombre en un cuerpo débil. Se quitó su capa de superpoderes y se puso los harapos de la debilidad humana para comprender cuando nos sentimos débiles y somos tentadas por el diablo. Por la gracia del Espíritu Santo, que estaba sobre él, nunca sucumbió al pecado para que nosotras pudiéramos entender que la debilidad siempre nos mantiene dependientes de la gracia; y para que cuando partamos de este mundo podamos resucitar en poder, pero con un cuerpo espiritual perfecto. Así está profetizado en 1 Corintios 15:42-44 (NVI): «Lo que se siembra en debilidad, resucita en poder; se siembra un cuerpo natural, resucita un cuerpo espiritual».

De hecho, cuando al caminar sobre esta tierra le dijeron «maestro bueno» a Jesús, él contestó que el único bueno era el Padre celestial, porque con su amor autoritario Dios hizo de su Hijo un ser humano débil y él respondió con un amor obediente. Pero si nosotras consideramos una tragedia el ser débiles, no podremos disfrutar de un corazón débil que ama a un Dios autoritario, ya que su voluntad fue darnos un corazón débil para perfeccionarnos. Por eso permite que suframos cuando nos tienta la naturaleza pecaminosa o el diablo.

Por lo demás, otra tentación muy común en las mujeres, producto del matriarcado, es no permitir que sus hijos sean débiles, que nadie les haga *bullying* ni que sufran en el plano económico cuando son adultos. En realidad, los hijos necesitan ser lanzados al mundo para experimentar la debilidad, sufrir la tentación y poder clamar por la gracia de Dios. Aquí también se incluye el dejar padre y madre, unirse a su cónyuge y someterse asimismo a sus debilidades, lo que es inevitable. Hasta los matrimonios son estructuras sociales débiles que necesitan caminar con la gracia de Dios, sufrir un proceso de perfeccionamiento y de obediencia para poder terminar juntos hasta que la muerte los separe. Esto desenmascara el mito de que las mujeres se casan para ser felices, o que el estar casadas es el estado perfecto; pero cuando no les toca un marido perfecto el recurso es el divorcio. No hay esposos perfectos, pero sí hay gracia para que las esposas los respeten y tengan contentamiento cuando ellos no las aman como ellas necesitan, cuando les duele el corazón o son ásperos e incapaces para cuidarlas.

Jesús, por lo que sufrió, aprendió obediencia. Tuvo que ser débil para tener que aprender a obedecer, ya que solo en la debilidad se perfecciona el poder de Dios. En este aspecto, completamos los sufrimientos de Cristo porque nos sentimos como él se sentía en su proceso de hacerse hombre con todo lo que eso implicó; lo que es por completo diferente a sufrir para pagar nuestra salvación. Por eso el amor de Dios es más sensible ante la imperfección de cada ser humano; nos ama con intensidad cuando somos débiles, y más a las mujeres, a quiénes compara con vasos frágiles. De esa sabia forma somos, de una manera terrible, objetos de su amor.

Sin lugar a dudas, lo antes dicho supera la razón de la mujer, los derechos humanos, que luchan porque no suframos; o las feministas, que sin cesar defienden a las mujeres de ser asesinadas a manos de hombres machistas o misóginos. Pese a todo, el incansable amor de Dios demuestra que él está siempre como una gallina queriendo juntar a sus pollitos bajo sus alas; aunque muchas jovencitas no se dejen porque creen que no es válido ser débiles en este siglo. Otras sucumben ante las tragedias, ante la debilidad; corren y se postran delante de un ídolo de madera o pintado en un cuadro suplicando que las ayude, pero que no pueden defenderlas porque son muñecos que no ven ni oyen. Es al revés, no fuimos creadas para decidir cómo amar a Dios, sino para que Dios nos ame, nos cuide, nos proteja, nos perfeccione y se complazca con nosotras.

La analogía con una balada lateral del siglo XVI, llamada *El rey y la mendiga*, es de utilidad para comprender lo que Dios intenta hacer. El relato, que inspiró la obra de pintores y poetas, narra la historia del rey africano Cophetua, quien, mientras miraba por la ventana de su palacio, vio un día a la joven mendiga Penelophon, vestida toda de gris. Aunque al rey se lo conocía por su falta de atracción sexual por las mujeres, se enamoró a primera vista. Salió a la calle, esparció monedas para que los mendigos las recogieran y, cuando ella se acercó, le dijo que la quería como esposa. Penelophon aceptó y se convirtió en reina, perdiendo pronto todo rastro de su anterior pobreza y su procedencia de clase baja. Durante su reinado principesco, la pareja vivió una vida tranquila y ella fue muy amada por la gente. Fueron enterrados en la misma tumba.

La reflexión aquí es que si el rey africano se sintió satisfecho con los andrajos y la mugre de la pordiosera, ¿qué impide que el Rey de Reyes y Señor de Señores nos ame sin ningún impedimento, a pesar de nuestro corazón débil que múltiples veces cae en las seducciones de la naturaleza pecaminosa? El mismo Jesús fue una renuncia suprema a su poder para caminar débil hacia el Calvario y al tercer día resucitar gracias al Espíritu Santo. Pero si el Padre celestial hubiera amado a Jesús de un modo humano, le hubiera evitado el sufrimiento y, por ende, la redención no habría tenido lugar jamás.

Es obvio que el corazón del Señor no es humano conforme al nuestro. Una ilustración que permite comprenderlo de otra forma es con el arte japonés. Los japoneses son los únicos que cuando se les rompe una fina pieza de porcelana recogen todos los pedazos, los pegan con cuidado y acomodan la pieza detrás de una vitrina. Así, al volverla a contemplar, recuerdan que la debilidad es parte de su misión en la vida y se compadecen de las debilidades de los demás. Tal vez ellos no entienden el trabajo terminado en la cruz, pero intuyen que Dios no es un abuelito que quiere que todos estén bien y la pasen de maravilla.

Ahora bien, si no nos gusta filosofar tanto, quedémonos solo con una frase de Platón: «El amor humano que evita los sufrimientos es un hijo de la pobreza».

Capítulo 15

Un corazón diligente conforme al de Dios

«Mejores son dos que uno porque tienen mejor pago por su trabajo», enseñó el rey Salomón en el Eclesiastés. También es un consejo que seguimos las hijas de Dios al orar juntas para obtener mejores resultados. En México se le conoce como el famoso «echarle montón», frase poderosa para cuando emprendemos una tarea que sería más fácil concluir con éxito si la hacemos acompañadas, en lugar de emprenderla solas.

Me pregunto ahora, ¿qué tal si también aplicamos esa instrucción para integrar en un solo capítulo tres características de nuestro corazón, conforme al de Dios, para alcanzar un mejor y constante logro de nuestros sueños o proyectos personales? La primera característica es la diligencia, la cual contextualizamos cuando en el principio Dios creó los cielos y la tierra, y el diligente Espíritu Santo «se movía en el aire sobre la superficie de las aguas». Más adelante, en el primer día de la creación, Dios hizo la luz; en el segundo, el cielo; en el tercero, la vegetación; en el cuarto día la luna, el sol, las estrellas y los astros; en el quinto los peces y las aves, en el sexto los animales domésticos y salvajes; luego, los seres humanos a su propia imagen, y en el séptimo inventó el bendito día de descanso de toda su labor.

A continuación, en el capítulo 2 del Génesis, se abre un paréntesis en el que se especifican los detalles de la creación: cómo brotaron los manantiales que regaban la tierra, cómo Dios formó al hombre a partir del polvo y cómo le sopló aliento de vida en la nariz; cómo plantó un huerto en Edén e hizo que creciera toda clase de árboles hermosos que daban frutos deliciosos. También menciona los ríos que puso: el Pisón, donde había oro puro; el Gihón, el Tigris y el Éufrates. También se encargó de que Adán pusiera nombre a todos los animales y, para cerrar con broche de oro, le sacó al hombre una de sus costillas para crear a la mujer. Eso no es todo, en el Nuevo Testamento, Juan 5:17, Jesús declaró: «Mi Padre hasta ahora trabaja y yo también trabajo».

Por lo tanto, con esos dos capítulos del primer libro de la Biblia, y la declaración de su Hijo, apreciamos que Dios tiene un corazón diligente. Es la misma diligencia que se encuentra en nuestro corazón debido a la unción, que es la acción del Espíritu Santo sobre nosotras. Esta trae muchas promesas de prosperidad, contenidas en el libro de Proverbios, que nos aleja de esa obra de la naturaleza pecaminosa, que es la pereza. Valga este ejemplo: «La diligente ya posee una gran riqueza, será prosperada y delante de los reyes estará y nunca con los de baja condición».

Como quiera que sea, mejores son dos que uno, si a un corazón diligente conforme al de Dios, que le va a tentar la pereza, le sumamos un corazón débil, que siempre necesita reconocer que en todo lo que emprende requiere ir al trono de gracia para llenarse de poder, nos quedan entonces tres corazones conformes al de Dios en uno: diligente, débil y de gracia, para de esa forma disfrutar de una mejor paga de nuestro trabajo. Es decir, ser muy prósperas, como promete la diligencia cuando va acompañada del reconocimiento de la debilidad y el poder de la gracia.

Sin dudas, el tener un corazón diligente como el de Dios, en cierto modo, cuando lo procuramos va a exhibir la debilidad que nos impide movernos siempre de forma eficaz y eficiente en todas las tareas que emprendamos. Es por eso que muchas empiezan una carrera, pero pocas la terminan.

De cualquier modo, la gracia es la habilidad del Espíritu Santo en nosotras para que podamos declarar que todo lo podemos en Cristo, que nos fortalece no solo en las tareas que son cien por ciento físicas, sino en las que implican decisiones inteligentes que tomamos de diligente manera y pensadas con sabiduría, como enseñan los capítulos 2 y 3 del libro de Proverbios.

En tal sentido, ¿qué cambios emocionales podríamos también observar al gozar de un corazón diligente conforme al de Dios? ¿Qué tal el contentamiento?, considerando que este es un concepto importante mencionado en muchos libros motivacionales que han sido grandes éxitos de librería. Pero ¿qué dicen los comentaristas bíblicos respecto al contentamiento?

En *Concordancia Strong*, hallamos que el contentamiento se considera una condición perfecta en la vida, en cuanto a que ya no se necesita ningún soporte y se es por completo suficiente. De acuerdo a su etimología, esta palabra compuesta se refiere a la construcción de un muro de concreto al que nada inclemente que suceda puede penetrar. Por eso el Señor nos manda a tener contentamiento, pues este funge como una pared resistente que no permite que las circunstancias adversas traspasen el corazón.

Tal vez a ti no te jubilaron a la fuerza de tu trabajo y no has tenido que tener contentamiento, como le sucede a muchas mujeres cuyas empresas las consideraron prescindibles por la edad; pero cuando te diste cuenta tus hijos ya habían volado del nido y ya no te toca vivir sus vidas. Quizás tu matrimonio sufrió el revés de la separación por causa de una infidelidad o la viudez; acaso una debilidad física o un accidente han menguado tus fuerzas, o circunstancias ajenas a tu fe han azotado tu economía y tienes que hacer un ajuste presupuestario con una inmediata disminución de gastos, etc. Si es así, ¡levanta con diligencia el muro del contentamiento junto con la gracia de Dios, aunque te sientas débil para hacerlo o creerlo!

Se requieren corazones diligentes en el mundo para cumplir con la gran comisión. Al igual que su Padre celestial al llevar a cabo la creación, Jesús fue tan diligente que cuando estuvo aquí en la Tierra no dejó de proclamar que el reino de los cielos se había acercado. También de forma diligente, caminó hasta la cruz y en la resurrección no olvidó dejar claras las instrucciones a sus seguidores para que, con diligencia, continuaran proclamando la reconciliación con Dios mediante la divulgación de las buenas noticias.

Por el contrario, un buen ejemplo de un corazón diligente sin gracia es cuando la pereza para el compartir del Señor nos ataca, como fue el caso de Jonás, quien por no estar consciente de su debilidad se victimizó, no pudo poner «manos a la obra» y, por no correr al trono de la gracia de Dios para ser habilitado, huyó en un barco hasta que se lo tragó un pez. Solo entonces comprendió su gran incapacidad, clamó por gracia y la pereza, que es una obra de la carne, lo vomitó después de orar así:

> En mi aflicción clamé al Señor y él me respondió. Desde la tierra de los muertos te llamé, ¡y tú, Señor, me escuchaste! Me arrojaste a las profundidades del mar y me hundí en el corazón del océano. Las poderosas aguas me envolvieron; tus salvajes y tempestuosas olas me cubrieron. Entonces dije: «Oh, Señor, me has expulsado de tu presencia; aun así volveré a mirar hacia tu santo templo».
>
> «Me hundí bajo las olas y las aguas se cerraron sobre mí; las algas se enredaban en mi cabeza. Me hundí hasta las raíces de las montañas. Me quedé preso en la tierra, cuyas puertas se cierran para siempre. Pero tú, oh, Señor mi Dios, ¡me arrebataste de las garras de la muerte! Cuando la vida se me escapaba, recordé al Señor. Elevé mi oración sincera hacia ti en tu santo templo. Los que rinden culto a dioses falsos le dan la espalda a todas las misericordias de Dios. Pero yo te ofreceré sacrificios con cantos de alabanza y cumpliré todas mis promesas. Pues mi salvación viene solo del Señor».
>
> Entonces el Señor ordenó al pez escupir a Jonás sobre la playa» (Jonás 2:2-10).

Después, con un corazón diligente, débil y lleno de gracia conforme al de Dios, salió disparado a hablarles a los ninivitas del amor del Señor y de la necesidad de arrepentirse para que no fueran destruidos por causa de sus pecados.

Ahora bien, es posible que puedas pensar: «Yo sí le hablo a otras mujeres de Cristo y las invito conmigo a escuchar la Palabra de Dios cuando me reúno con otras creyentes, ¡pero en el plano económico no funciono!». Entonces, necesitas echar mano de tu corazón diligente y lleno de gracia en tu debilidad para generar recursos económicos, para aprovechar todo lo que encuentras. Busca con diligencia y cuando encuentres aceite, consigue vasijas («porque la que busca encuentra»), llénalas y después véndelas. ¿Encontraste un puñado de harina y un poco de aceite? Haz una torta y dásela al profeta y entra en los círculos virtuosos de la prosperidad. Eso sí, con diligencia y más gracia busca qué hacer; qué vender, qué orar, qué leer, qué comer, qué emprender, qué estudiar, qué inventar y ¡aprovecha lo que encontraste!

Por último, se requiere diligencia para las mujeres concentrarnos en todo lo que es verdadero, honorable, justo, puro, bello y admirable; junto con las cosas excelentes y dignas de alabanza, como se dice en Filipenses 4:8. Eso es renovar la mente y aprender a pensar diferente. En lugar de que el corazón se nos llene de angustia por entretenerse, la mayor parte del tiempo, en pensamientos catastróficos, que son los que producen la ansiedad. Quizá esto último sea lo más complicado para las mujeres, puesto que en este mundo fracturado por el pecado hay muchos valles de sombra de muerte que atravesar, tantos como hay tiendas de abarrotes en cada esquina. No obstante, si hay un corazón diligente, débil y lleno de gracia conforme al de Dios, hay unción del Espíritu Santo para pensar e imaginar que el bien y la misericordia de Dios nos acompañarán todos los días de nuestra vida; mientras vez tras vez se cumple la promesa de Efesios 3:20, que nos enseña: «Dios es poderoso para hacer más allá de lo pensado e imaginado por el poder que actúa en nosotras».

Capítulo 16

Un corazón santo conforme al de Dios

Michael Jackson fue un santo de la música y del baile, al grado de que se le llamó el rey del pop en el récord Guinness al ser reconocido como un original artista musical; pero no era cristiano. Vivió diferenciado porque se apartó del mundo del espectáculo, cambió de manera constante su apariencia física y murió a los 50 años.

Por otro lado, Delores Winder fue una santa de los milagros y sanidades más grandes del siglo XX. Escribió su propio libro, fue considerada la sucesora de Kathryn Kuhlman y sí era cristiana. Vivió diferenciada porque se apartó para Cristo enseñando, orando por los enfermos y murió a los 89 años.

Esta analogía no es irreverente porque ahora la palabra santo se usa para todo: el santo rosario, el santo entierro, el santo sacerdote perenganito, la iglesia de Santo Domingo, mi santa madre, que en paz descanse; el hombre era un santo, el día de todos los santos, el santo Niño de Atocha, etc. Aunque la palabra *santo* viene del latín 'sanctus' y del verbo *sancire*, que significa 'consagrar'. Además, dentro de su etimología, decir santo no se trata de algo bueno o malo. De hecho, el concepto en griego se refiere a canon o regla porque indica algo diferente y distinto. Por esta razón, Jesucristo enseñó que al orar al Padre expresemos primero que su nombre sea santificado, pues él es el único Dios original; no como todos los dioses falsos que ha inventado el hombre a lo largo de la historia de la humanidad.

Solo por ser el único Dios diferente, que se hizo hombre para pagar por todos nuestros pecados y llevar todas nuestras enfermedades, merece que se haga su voluntad en la tierra, como la hace en el cielo, ya que todas las demás divinidades que sustentan los miles de religiones que existen son iguales e imitaciones de Dios; exigiéndose a sus feligreses buena conducta para que así sean considerados santos, ganen méritos y puedan ser bendecidos.

Por lo demás, santo es un adjetivo para calificar que le perteneces a alguien y, por tanto, le debes reverencia. Por eso los primogénitos se consagraban a Dios, así como Jesús, en Lucas 2:23, le fue consagrado. En sus cartas, el apóstol Pedro también hace referencia al libro de Levítico, donde Dios le dice a su pueblo: «Manténganse santos, porque yo soy santo».

De modo que nuestro corazón es santo porque está consagrado a un Dios Santo, ya que gracias al trabajo terminado de la cruz, él vive consagrado a nosotras, sus hijas; mujeres conforme a su corazón por toda la eternidad. ¿Acaso no dice su palabra, «No te dejaré ni te desampararé; aunque cambien de lugar los montes y las montañas, prevalecerá por ti mi fiel amor y pacto de paz»?

Por otra parte, el *Diccionario de la Lengua Española*, de la Real Academia, define *santo* como «perfecto y libre de toda culpa»; acepción que no es errada porque Dios es santo al ser perfecto. De igual manera, las creyentes somos santas, ya que estamos por entero libres de toda culpa por el sacrificio de Jesús.

Pese a ese significado, la palabra se puede tergiversar y remitirnos a las buenas obras para tratar de ser santas. Tal como los papas católicos, que inventaron la canonización de las personas después de analizar si tuvieron virtudes heroicas en cuanto a las cualidades cristianas o si sufrieron por su fe como mártires. Además de que estipularon que todos los candidatos a ser santificados tenían que haber realizado al menos dos milagros durante toda su vida.

Si así fuera el tema para declarar a una mujer santa, la hija de Dios, Delores Winder, quien por más de 40 años estuvo ministrando y realizando milagros por la unción del Espíritu Santo, se la llamaría entonces «ultrarrecontraarchisanta».

¿No estaremos en ocasiones como los papas canonizando a los cristianos, cuando juzgamos si se portaron bien o no, para después poder considerarlos santos? ¡Eso es una herejía!, todos los hijos e hijas de Dios somos santos; razón por la que las cartas paulinas están dirigidas a los santos y fieles en Cristo, en lugar de a los bien portados.

En hebreo, los santos son los diferenciados, pero no por seguir tradiciones religiosas. El término supera el ámbito de la religión, de la moralidad y cualquier componente universal que haya dictado que la madre Teresa de Calcuta fue una santa o que Gandhi fue un santo.

Desde el punto de vista etimológico es incorrecto que una mujer opine que su marido cristiano no puede ser santo porque la trata de una manera áspera, pero su hijo sí puede serlo porque le brinda ayuda económica. Eso se llama matriarcado en nuestro país. Así como en China el silencioso genocidio de las niñas se debe a que los bebés varones son los santos de la fuerza de trabajo y de las campañas de control de natalidad para, como siempre y de una forma u otra, el diablo mate, robe y destruya distorsionando la verdad.

Por otro lado, en verdad es embarazoso hablar de la gente que no se pudo ir al cielo porque decidió no creer en el Señor; pero es una realidad que si no tenemos un corazón santo, gracias al proceso de santificación que experimentamos al recibir a Jesús como Señor y Salvador, las personas siguen apartadas para el diablo y nunca podrán entrar a la presencia de Dios; a menos que se arrepientan. Por eso el proceso para gozar de un corazón santo como el de Dios, se inicia con la humillación, ya que, como tal, no es cierto que un santo tiene una aureola alrededor de su cabeza porque se portó muy bien. Eso solo se ve en los cuadros religiosos y en las estampitas que se ofrecen a las personas para que a esas imágenes les pongan una veladora y crean que les harán milagros; lo que tampoco es bíblico porque todos hemos pecado. Está escrito en Romanos 3:23 y estamos destituidos de la gloria de Dios.

Es lamentable que uno de los objetivos del globalismo sea neutralizar a un poderoso enemigo potencial al que odia: los santos en Cristo Jesús, que no estamos consagrados a la televisión ni a los noticieros, que son la mayor fuente de contagio que existe. Los medios de comunicación seguirán santificando a la gente por medio del miedo a la muerte. Por generaciones, muchos considerarán el hidrogel su agua bendita y millones de personas en el mundo estarán padeciendo el trastorno mental de conversión o disociativo, en el que presentarán síntomas y signos sin que exista una enfermedad o causa física real. Esto se conoce desde la antigüedad como histeria.

Para acabarla de completar, catedráticos de universidades han dicho en los noticieros que después del año 2020 muchas personas han manifestado tener secuelas como «niebla mental», pensamiento lento, confuso y no agudo, porque según ellos un virus pudo haber dañado su cerebro. De esa forma van a seguir, de modo progresivo, apartando o santificando el corazón de la gente para que piense todo el tiempo de una forma médica y farmacéutica para evitar la muerte, que es inevitable de una forma u otra.

Carl Gustav Jung, el psiquiatra y psicólogo clave en la etapa inicial del psicoanálisis y fundador de la escuela de psicología analítica, escribió de una manera fría: «El hombre que no percibe el drama de su fin, no está en la normalidad sino en la patología y tendría que tenderse en la camilla y dejarse curar». Mientras que el santo apóstol Pablo, consagrado al Señor e inspirado por el Espíritu Santo, también escribió sobre el tema en Filipenses 1:20-21 (NTV) de este modo:

> Tengo la plena seguridad y la esperanza de que jamás seré avergonzado, sino que seguiré actuando con valor por

> Cristo, como lo he hecho en el pasado. Y confío en que mi vida dará honor a Cristo, sea que yo viva o muera. Pues, para mí, vivir significa vivir para Cristo y morir es aún mejor.

De esta forma instruyó a los santos respecto a que somos diferentes porque vivimos para Cristo y cuando muramos, ¡tendremos una realidad todavía mejor! En la misma medida, en vida podemos vivir santificados de forma permanente con lo que dice la Palabra de Dios, siempre y cuando muramos en nuestra lógica y razonamiento para poder tener éxito.

Sea de uno u otro modo, vivimos en un continuo proceso de santificación con la gracia de Dios, a fin de no pertenecerle a ninguna filosofía médica que trae atemorizada a toda la humanidad con el miedo a las enfermedades y la muerte. Por eso el morir en nuestra propia opinión para escoger lo que dice Cristo trae ganancia segura, ya que no es un pedazo de tela lo que santifica a la gente para no enfermarse, porque allí también se acumulan hongos que producen la neumonía bacteriana. ¿No será que los santificados por las farmacéuticas padecen más una patología mental que microbiológica? ¿O que los santificados por la señal 4 y 5G, por portar el celular pegado al cuerpo todo el tiempo, sufren más el efecto de las ondas electromagnéticas sobre sus estados inmunitarios?

La santificación de una hija de Dios o gozar de un corazón santo conforme al de Dios implica apartar la mente, y no solo el cuerpo, para de manera inteligente escoger y guardar en el corazón los pensamientos de Dios, que son más altos que los humanos, a fin de que nuestra única realidad sea, como dice la primera carta del apóstol Pablo en 1 Tesalonicenses 5:23-24 (NTV):

> Ahora, que el Dios de paz los haga santos en todos los aspectos, y que todo su espíritu, alma y cuerpo se mantengan sin culpa hasta que nuestro Señor Jesucristo vuelva. Dios hará que esto suceda, porque aquel que los llamó es fiel.

Capítulo 17

Un corazón inversor conforme al de Dios

Hay dos cosas importantes que se pueden hacer con el dinero: invertirlo o despilfarrarlo. Invertir significa buscar instrumentos de inversión adecuados para multiplicarlo y así mover la economía. Despilfarrar tiene que ver con desperdiciar los recursos que ofrece la prosperidad en las personas, en todo sentido.

Desde luego, este capítulo no será un tratado de dinero o de finanzas, ni para enseñar sobre el diezmo o la ofrenda, que sabemos son poderosas herramientas en las manos de una mujer conforme al corazón de Dios para poder sobreabundar en gracia, así como para que por medio de ella se levanten acciones de gracias a él. Es analizar un poquito más allá de lo que representan los asuntos monetarios, en virtud de que estos nos enseñan también principios sencillos y espirituales que demuestran cómo el corazón de una mujer en Cristo es como el de Dios. Por ejemplo, usar nuestras manos para hacer circular el dinero refleja los mandamientos bíblicos, como el de invertir nuestras valiosas vidas en otros, lo cual trae extraordinarios dividendos de compañía al final. Asimismo, despilfarrar la vida por no invertirla en otros hará que acabemos en completa soledad. Una buena parábola que ilustra este principio es la del administrador injusto al que se le pasaron las «cucharadas de irresponsabilidad» e hizo un último intento por no quedar mal cuando lo despidieran, según enseñó el Señor Jesús a sus discípulos en Lucas 16:1-11 (NTV):

> Había cierto hombre rico que tenía un administrador que manejaba sus negocios. Un día llegó la noticia de que el administrador estaba malgastando el dinero de su patrón. Entonces el patrón lo llamó y le dijo: «**¿Qué es esto que oigo de ti? Prepara un informe final porque voy a despedirte**». El administrador pensó: «**¿Y ahora qué haré? Mi jefe me ha despedido. No tengo fuerzas para cavar zanjas y soy demasiado orgulloso para mendigar. Ah, ya sé cómo asegurarme de que tendré muchos amigos que me recibirán en sus casas cuando mi patrón me despida**».
>
> Entonces invitó a todo el que le debía dinero a su patrón para conversar sobre la situación. Le preguntó al primero: «**¿Cuánto le debes a mi patrón?**». El hombre contestó: «Le debo tres mil litros de aceite de oliva». Entonces el administrador le dijo: «Toma la factura y cámbiala a mil quinientos litros». Le preguntó al siguiente: ¿Cuánto le debes tú? «Le debo mil medidas de trigo», respondió. «Toma la factura y cámbiala a ochocientas medidas», le dijo.
>
> El hombre rico tuvo que admirar a este pícaro deshonesto por su astucia. Y la verdad es que los hijos de este mundo son más astutos que los hijos de la luz al lidiar con el mundo que los rodea. Aquí está la lección: usen sus recursos mundanos para beneficiar a otros y para hacer amigos. Entonces, cuando esas posesiones terrenales se acaben, ellos les darán la bienvenida a un hogar eterno.
>
> Si son fieles en las cosas pequeñas, serán fieles en las grandes; pero si son deshonestos en las cosas pequeñas, no actuarán con honradez en las responsabilidades más grandes.

De acuerdo con el título de este capítulo, «Un corazón inversor conforme al de Dios», los versículos antes citados no fomentan ni aplauden la corrupción. Al contrario, motivan a las hijas del Señor de Señores, creador del cielo y de la tierra y al que pertenecen todos los recursos, a observar la sagacidad de los inconversos para invertir los recursos económicos y conseguir favores; aunque si las personas no se arrepienten de sus pecados, sabemos que su fin eterno será el infierno.

Es cierto que en temas de inversión no siempre son recursos económicos los que se invierten. Por ejemplo, muchas mujeres invierten su vida en la política, otras han aspirado a ser presidentas o primeras ministras de sus países, lo cual es un privilegio del que no todas gozan. La inversión de sus vidas en dicho proyecto les ha costado a muchas la ruptura de sus matrimonios, el no poder estar al cien por ciento con sus hijos pequeños y el desgaste de sus vidas emocionales.

Al respecto, como psicóloga me pregunto: ¿Y si en un intento de hacer rendir sus vidas en dichos sectores tuvieron que hacer esos sacrificios, habrá valido la pena la inversión? Ellas no se encontraban bajo una monarquía, en la que se hereda la sucesión, sino que renunciaron a muchas cosas con tal de alcanzar una meta en el futuro que conllevaría muchos beneficios para la gente de su nación. Por supuesto, aunque no es el tema que nos compete, vale aclarar que en este mundo fracturado por el pecado creyentes e inconversas son también tentadas por la corrupción.

En fin, el corazón inversor de Jesús es por excelencia el mejor modelo de una persona que invierte su vida para servir a los demás, en lugar de vivir solo en la búsqueda de sus intereses personales. Él lo demostró cuando lavó los pies de sus discípulos. Para hacerlo, cargó con una cubeta, que también tipificaba su corazón, una toalla y sus fuerzas físicas, pero el agua para lavarlos solo pudo representar la gracia del Espíritu Santo para invertir su vida sirviendo a otros. En Juan 13:3-5 (NTV) está escrito:

> Jesús sabía que el Padre le había dado autoridad sobre todas las cosas y que había venido de Dios y regresaría a Dios. Así que se levantó de la mesa, se quitó el manto, se ató una

> toalla a la cintura y echó agua en un recipiente. Luego comenzó a lavarles los pies a los discípulos y a secárselos con la toalla que tenía en la cintura.

Lo anterior me gustaría ilustrarlo también con un episodio de mi vida personal que me atrevo a narrar. Cuando mi esposo y yo salimos hace 25 años de la ciudad de Cuernavaca para invertir nuestras vidas en El Bajío, nos pesó mucho dejar atrás familiares, amigos muy queridos y muchas otras cosas más. Pero si nos hubiéramos quedado allí, hubiera sido tal vez un despilfarro; mi marido habría viajado a Ciudad de México todos los días para atender la fábrica de sus papás y, los fines de semana, congregarse para disfrutar con tranquilidad de su casa en la «ciudad de la eterna primavera». Sin embargo, su corazón inversor conforme al de Dios lo impulsó invertir su vida sirviendo a los demás.

Eso me recuerda la historia del judío que conocía el corazón inversor de Dios y vendía cafeteras para la empresa que le distribuía el café. Decidió invertir su vida contratándose con dicha empresa y propuso, después de un proceso largo, que las personas podían tener tres lugares importantes para tomar su café: su casa, su trabajo y una cafetería. Al final, cuando compró dicha empresa, le pidieron alrededor de tres millones y medio de dólares, dinero que él no tenía en ese momento, pero que consiguió con inversionistas a quienes les vendió el concepto cuando el consumo de café era algo exclusivo dentro de los hogares de las personas o en ciertos restaurantes.

En la actualidad, todos conocemos la que ahora es una importante franquicia de café, pero pocas personas saben que fue un hombre con un corazón inversor conforme al de Dios. Al mismo tiempo, también hay corazones meramente humanos que pierden todo, como el caso que publicaron los noticieros en el año 2022, cuando un policía reportó que una chica de 14 años había matado a su novio, 23 años mayor que ella, y había sido vinculada a un proceso por un juez de control en Chihuahua. Si dicha noticia hubiese sido verdad, ella es un ejemplo del desperdicio de la juventud, de su vida adulta y, tal vez, de su ancianidad; si su vida no queda reformada.

Claro está que estos ejemplos parecen extremos, pero con los símiles también se aprende, pues cuando no estamos invirtiendo nuestra vida para bendecir a otros, la estamos desperdiciando. Por tal motivo, la iglesia de Cristo es el mejor lugar para invertirla, sin importar la denominación o las características del lugar. Después de la familia y el trabajo, ese es el mejor terreno para generar recursos, para invertir la vida. Mientras que el más limitado es controlando a los hijos cuando ya están casados, abrillantando las casas y gastando en costosos remedios que ofrecen la conservación de la eterna juventud. Por eso el apóstol Pablo nos enseñó a nunca darnos por vencidas al invertir donde vale la pena, como está escrito en 2 Corintios 4:16 (NTV): «Es por esto que nunca nos damos por vencidos. Aunque nuestro cuerpo está muriéndose, nuestro espíritu va renovándose cada día».

El interior de nuestro corazón es el único que se renueva, humecta, goza y llena de salud cada vez que invertimos la vida en alguien más. Bien sea paradas en la puerta de un auditorio, como edecanes recibiendo a las personas con un amable saludo o viajando a las naciones como hacen las misioneras, puesto que lo trascendente del asunto del servicio no tiene que ver con lo que hacemos, sino con nuestra actitud. Ejemplo de esto fueron Simeón y Ana, personajes bíblicos importantes del Nuevo Testamento y ancianos de la fe que invirtieron muy bien sus aproximados 80 años de edad sirviendo en el templo de Jerusalén, orando y profetizando hasta que sus ojos vieron llegar a María y José con el Mesías en sus brazos. Ganaron tanto, que hoy son ejemplos de creyentes con un corazón inversor conforme al de Dios.

¿Y nosotras cómo estamos invirtiendo nuestra vida? Gracias al trabajo terminado en la cruz, gozamos también de un corazón inversor como el de Dios para poner «manos a la obra», como exclamó el pueblo de Dios tras oír el testimonio del profeta en Nehemías 2:18.

Preguntémonos ¿qué pasaría si al amanecer cada día oramos: «cómo quieres Señor que me invierta hoy en las personas?».

Capítulo 18

Un corazón *kairos* conforme al de Dios

«Dios hizo todo hermoso en su momento, luego puso en la mente humana la noción de eternidad, aun cuando el hombre no alcanza a comprender la obra que Dios realiza de principio a fin», dice el Eclesiastés 3:11 (NVI).

Esa frase se encuentra dentro de la famosa disertación del tiempo, como señala el epígrafe de dicho capítulo. Sin embargo, en la Nueva Traducción Viviente aparece de otro modo: «Dios hizo todo hermoso para el momento apropiado. Él sembró la eternidad en el corazón humano, pero aun así el ser humano no puede comprender todo el alcance de lo que Dios ha hecho de principio a fin».

Esto nos lleva a cuestionarnos ¿qué significan los conceptos de tiempo y eternidad para una mujer conforme al corazón de Dios? En el griego bíblico, los términos más usados para tiempo son *cronos* y *kairos*. El primero es el paso del tiempo, es decir, indica su duración. Por ejemplo, el tiempo terrenal se puede calcular de forma lógica, por eso Dios estableció la creación con el sol, la luna y las estrellas para medir los tiempos y estaciones:

> Entonces Dios dijo: «Que aparezcan luces en el cielo para separar el día de la noche; que sean señales para que marquen las estaciones, los días y los años. Que esas luces en el cielo brillen sobre la tierra». Y eso fue lo que sucedió. Dios hizo dos grandes luces: la más grande para que

> gobernara el día, y la más pequeña para que gobernara la noche. También hizo las estrellas. Dios puso esas luces en el cielo para iluminar la tierra, para que gobernaran el día y la noche y para separar la luz de la oscuridad. Y Dios vio que era bueno (Génesis 1:14-18, NTV).

En términos cronológicos, existen milenio, siglo, año, mes, día, hora, etc., palabras que sirven para medir el tiempo del hombre. No obstante, *kairos* es la medida correcta, con los significados de ocasión, período definido, tiempo oportuno, favorable, momento señalado y preciso. Mientras cronos marca cantidad, *kairos* la calidad; tal como Romanos 5:6 (NTV) indica: «Cuando éramos totalmente incapaces de salvarnos, Cristo vino en el momento preciso y murió por nosotros, pecadores».

Por eso *kairos* es el tiempo oportuno y diseñado desde el cielo, donde Dios interviene en la vida de los hombres de una manera poderosa. El reloj humano se detiene y deja de contar porque Dios está participando, pero ¿cuál es el inconveniente de cronos para las personas que vivimos en un mundo fracturado por el pecado, si es tan útil para no llegar tarde a ningún lado o para predecir las estaciones del año? ¡Añorarlo!, como lo señala el Eclesiastés 7:10: «No añores viejos tiempos».

No es sabio decir que los tiempos pasados fueron mejores que los primeros; no es una afirmación inteligente porque no sabemos si en verdad lo fueron. También se puede volver una queja constante que nos lleve a voltear al pasado, como la esposa de Lot, cuya historia se relata en Génesis 19. Ella miró hacia atrás cuando huía de Sodoma y Gomorra, a pesar de que unos ángeles les habían instruido a ella, su esposo e hijas a no hacerlo. A su vez, cronos causa la impaciencia que produce la falta de confianza en el Señor, que de modo invariable nos lleva a correr a confiar en el hombre antes que en Dios; tal como se precisa en Jeremías 17:5-8 (NTV):

> Esto dice el Señor: «Malditos son los que ponen su confianza en simples seres humanos, que se apoyan en la fuerza humana y apartan el corazón del Señor. Son como los arbustos raquíticos del desierto, sin esperanza en el futuro. Vivirán en lugares desolados, en tierra despoblada y salada. Pero benditos son los que confían en el Señor y han hecho que el Señor sea su esperanza y confianza. Son como árboles plantados junto a la ribera de un río con raíces que se hunden en las aguas. A esos árboles no les afecta el calor ni temen los largos meses de sequía. Sus hojas están siempre verdes y nunca dejan de producir fruto».

Entonces, ¿qué tiene de bueno cronos? En él se encuentra la valiosa historia de las naciones y de nuestras generaciones. Por eso en el judaísmo el tiempo ocupa un lugar de suma importancia. Es la memoria nacional de los sucesos del pasado, la conexión con lo que fue y con lo que será. Aporta una conciencia nacional tan importante que en esa cultura se maneja con orgullo esta frase: «La patria judía reside en la historia, en el tiempo y no en un lugar determinado».

El término *cronos* es cuantitativo, lineal y se mide con el reloj; *kairos*, como momento justo, es cualitativo, es la experiencia del momento oportuno. Ambos fueron diseñados por Dios y puestos en el corazón del hombre para un propósito sublime: para que los seres humanos pudieran conocer a Dios mediante las palabras dichas por los profetas (Cronos) y esperar la venida del Mesías (Kairós).

No se trata de hacer una elaboración abstracta y filosófica de Dios con respecto al tiempo. Él se encuentra actuando en el tiempo; es decir, en la historia, porque fue él quien comenzó el tiempo. De igual forma, de modo progresivo va actuando y señalando que todo tendrá una culminación o un final. Por eso en el Antiguo Testamento el tiempo en hebreo se refiere a una continuación infinita tanto en el pasado como en el futuro. Por ejemplo, Abraham plantó un árbol de tamarisco en Beerseba y allí adoró al Señor Dios Eterno (Olam). En el Nuevo Testamento se usa la palabra *kairos* para indicar tiempo, oportunidad o época. Es este el sentido que tiene en Hechos 1:7 (NTV): «Solo el Padre tiene la autoridad para fijar esas fechas y tiempos, y a ustedes no les corresponde saberlo».

Además, él escucha nuestras oraciones con el sentido de *kairos* y no de cronos cuando en 2 Corintios 6:2 dice: «En el momento preciso, te oí. En el día de salvación, te ayudé».

No olvidemos que para el Señor un día es como mil años y mil años son como un día. Además, no es lento para cumplir su promesa, como algunos piensan y como se escribe en 2 Pedro 3:8-9. Por lo tanto, con esa noción el pasado, presente y futuro no existen en realidad para el Eterno, ya que él se reveló a Moisés, en Éxodo 3:14, como el «yo soy el que soy»; el que siempre está presente para sus hijos a pesar de las paradójicas limitaciones del tiempo.

Para que comprendamos que el tiempo es una realidad vinculada con el corazón, es que en la Palabra de Dios se emplea más de medio millar de veces la idea del tiempo con diversos significados: tiempo físico, humano; duración de algo, referencias cronológicas al mañana, al presente, al ahora, al futuro, al antes, al principio y al momento. Eso en lugar de solo un objeto de múltiples análisis y medidas bajo criterios astronómicos, de rotación diaria de la Tierra, movimientos alrededor del sol o procedimientos más sofisticados y dependientes de las teorías físicas de Newton, Einstein, Heisenberg, etc., que un día acabarán.

¿Acaso no será entonces que el cronos está para que mientras estemos en esta tierra comprendamos que siempre iremos pasando por diferentes etapas y que en cada una de ellas requeriremos sabiduría? Quizá el cronos tiene muchos fines educativos, pero el *kairos* está para, de manera consciente, confiar en que el Señor está cerca vigilándonos y actuando en el momento oportuno; en virtud de que, gracias al trabajo terminado de la cruz, el Espíritu Santo, con el cronos de Dios llena nuestro corazón y nos hace sensibles a los tiempos del Señor para todo, aunque ello implique esperar y confiar. De otra forma, si no tuviéramos un corazón *kairos* conforme al de Dios seríamos criaturas desdichadas pensando que ya se nos pasó el tiempo y que ya no hay remedio ni oportunidad alguna para dar fruto. Es decir, tener éxito, funcionar, ser productivas y ver cumplirse las promesas y los sueños de Dios en nuestras vidas.

En conclusión, para las mujeres conforme al corazón de Dios el cronos nos demandará clamar por paciencia y sabiduría para saber vivir en un mundo caído controlando el reloj, en lugar de que este nos controle. Pero también el cronos nos lleva al trono de gracia para discernir con el corazón y no con la lógica el momento oportuno en que el Señor está obrando o nos está mandando a participar en algo; así como para poder creer que Dios «Olam» está actuando en ambos porque es eterno, sin limitaciones de tiempo como nosotros.

Por ejemplo, en una ocasión, saliendo de un supermercado, puse mi iPad y mi bolsa encima del carrito donde se sientan los bebés. Hice mis compras y al salir no había ningún chico que me ayudara a cargar las bolsas. Mientras pasaba las compras al coche, el carrito se fue rodando avenida abajo. Como pude, jalé mi bolsa y lo aventé con el pie hacia un poste para que se quedara estacionado. Arranqué el carro, salí del centro comercial, tomé la avenida y, de inmediato, me tocó el semáforo en alto. En ese momento, el *kairos* del Espíritu Santo me recordó: «**¿Y tu iPad?**» (cabe aclarar que mi iPad no es mi juguete, con el que me divierto con videojuegos, es un instrumento de trabajo para dar mis clases).

Volteé a lo lejos y busqué, con la gracia de Dios sobre mi debilidad visual, en el estacionamiento para ver si veía el carrito con mi máquina. Solo alcancé a mirar algo negro en un carrito entre unos coches. Por lo tanto, cuando se prendió el semáforo, di la vuelta en forma de U, detuve el auto en

cuanto pude, crucé corriendo las dos avenidas, brinqué una bardita, llegué al estacionamiento, me dirigí rápido hacia el carrito que parecía tener algo negro adentro y allí estaba el iPad colgando de la funda.

De vuelta, me subí al coche y llamé a mi esposo para darle el testimonio: «¡Dios sí me habla, y lo hace en su *kairos*!», le dije, porque en mi cronos me hubiera acordado hasta llegar a mi casa o unas horas después, cuando me hubiera puesto a trabajar. Comprendí así cómo Cristo nos imparte su *kairos* por medio de su Espíritu Santo.

Capítulo 19

Un corazón *shamma* conforme al de Dios

¿Acaso es fácil encender la televisión en la actualidad y encontrar un programa de entretenimiento conforme al corazón de Dios? ¡No para las mujeres que tenemos un corazón conforme al de Dios! Por lo general, nos quieren vender el pensamiento lógico, perverso e inmoral de los malvados para de esa manera adoctrinarnos. El misterio de la Gran Babilonia, madre de las prostitutas y de las abominables idolatrías de la tierra, que ahora más que nunca tipifica la iniquidad mundial y política intentando controlar las creencias y estilo de vida de la humanidad, es un poder hostil contra las enseñanzas de la Palabra de Dios. Es un símbolo de desafío contra el Señor y por eso está escrito con un nombre muy feo en Apocalipsis 17:5, en varias versiones de la Biblia.

En algunos creyentes ha producido el pensamiento de que ya es la Segunda Venida de Cristo; en otros, indiferencia o religiosidad para sortear el tema, y en quienes no conocen al Señor sus corazones se han vuelto un excelente caldo de cultivo para que sean sembradas sus inmoralidades y condicionen su estilo de vida junto con el de sus siguientes generaciones.

Sobre el particular, un buen consejo para las entendidas sería orar antes de buscar distracción por medio de la televisión y, aunque los malvados controlen la industria del entretenimiento, ¿por qué no hasta pedir al Espíritu Santo que nos dirija a programas conforme al corazón de Dios? Un buen recurso puede ser documentales que nos inspiren a perseguir nuestros ideales y nos motiven a no desanimarnos en la espera del cumplimiento de nuestros más grandes sueños.

Uno de estos documentales, por ejemplo, podría ser la vida de Shimon Peres, judío que murió a los 93 años tras seis décadas de enfrentar a los palestinos sin fusil, con estrategias y a través de tratados y acuerdos de paz. Intuía atributos conforme al corazón de Dios y por esa razón considero que ese documental es recomendable. Incluso, después de verlo me encontré recomendándoselo a una mujer que no tenía paz en su corazón debido al doloroso proceso de divorcio por el que estaba atravesando. Percibí en ella una fuerte condición de depresión queriendo invadir su corazón, aunque ya conoce de Jesús. Como psicóloga, la invité a explorar la posibilidad de entretenerse observando la paciencia de un líder judío en acción que, de modo sagaz, buscaba negociar la paz con los árabes. La propuesta funcionó, ella decidió verlo y, al día siguiente, me mandó el siguiente mensaje a mi celular: «Ayer en la noche vi el documental de Shimon Peres. Según yo, iba a verlo un rato para seguir hoy, pero estaba buenísimo y no pude dejar de verlo hasta el final. Me impresionó lo que tú dices, cómo perseveró toda su vida en cualquier sueño y desafío que tenía. Siempre realista, pero también soñador; en el fondo su capacidad para nunca perder lo positivo de la vida y, ¿sabes?, la claridad y sabiduría para luchar por la paz, aun sabiendo que necesitaba en ocasiones hacer la guerra, que por su eje de amor por Israel, nunca perdió de vista».

En cuanto terminé de leer el mensaje, brincó a mi corazón un atributo del corazón de Dios: «Dios siempre está». En hebreo, se le conoce como Jehová Shamma, el Dios que escucha quieto y tranquilo. Él es el Dios que mora en nosotros y siempre está presente. Solo así podemos vivir confiados en Él, como lo demuestra este canto hebreo en Salmos 46 (NTV):

> Dios es nuestro refugio y nuestra fuerza, siempre está dispuesto a ayudar en tiempos de dificultad. Por lo tanto, no temeremos cuando vengan terremotos y las montañas se derrumben en el mar.
> **¡Que rujan los océanos y hagan espuma! ¡Que tiemblen las montañas mientras suben las aguas! Un río trae gozo a la ciudad de nuestro Dios, el hogar sagrado del Altísimo. Dios habita en esa ciudad; (Jehova Shamma ahora en nuestro corazón, paráfrasis mía) no puede ser destruida.**
> En cuanto despunte el día, Dios la protegerá. ¡Las naciones se encuentran en un caos y sus reinos se desmoronan! ¡La voz de Dios truena, y la tierra se derrite! El Señor de los Ejércitos Celestiales está entre nosotros; el Dios de Israel es nuestra fortaleza.
> Vengan, vean las obras del Señor; miren cómo trae destrucción sobre el mundo. Él hace cesar las guerras en toda la tierra; quiebra el arco y rompe la lanza y quema con fuego los escudos. «**¡Quédense quietos y sepan que yo soy Dios! Toda nación me honrará. Seré honrado en el mundo entero**». El Señor de los Ejércitos Celestiales está entre nosotros; el Dios de Israel es nuestra fortaleza.

Aprendí que el Señor es como un unicornio, porque en el Antiguo Testamento los unicornios o bueyes salvajes son comparados con las fuerzas de Dios entre su pueblo: «Dios los sacó de Egipto; para ellos, él es tan fuerte como un buey salvaje», se afirma en Números 23:22 (NTV); así como dice también en el capítulo 24 que su gloria es como el primogénito de un toro y sus cuernos como los de un unicornio. Asimismo, en un comentario de Job 39:9-12 pregunta si querrá el unicornio servirnos o quedarse en los establos.

Aunque la mayoría de los expertos bíblicos dicen que no pueden ser unicornios, los textos hebreos de la *Enciclopedia judía* insisten que se trata de un animal salvaje indomable de gran fuerza y agilidad y con poderosos cuernos. Por ello, ante tantas descripciones suena como unicornio más que un rinoceronte o un tipo de antílope con un cuerno.

Por su parte, los creacionistas fundamentales proponen la teoría de que se refería a un dinosaurio con cuernos con muchas explicaciones más, expuestas en el Museo Creacionista Answers in Genesis, en los Estados Unidos, que tuve la oportunidad de visitar.

Lo más probable es que sean los niños quienes se lo puedan imaginar mejor como un dios unicornio que siempre está, ya que cuando ellos dicen la palabra *mamá*, y no su nombre, ella les contesta «**¡porque siempre está!**» Duermen tranquilos, aunque el recibo del servicio de electricidad o de agua sea muy caro, se avecine un huracán, el dólar se haya disparado o no sirva la lavadora. «¡Mamá es fuerte y siempre está!». Por eso es tan grave su estabilidad psicológica e integridad física cuando muere y se quedan huérfanos. Pero la Biblia suple porque el Señor promete hacerse cargo de ellos.

De hecho, Jesús conocía el corazón de Shamma de su Padre y continuó durmiendo en una barca en medio de una tormenta, mientras los apóstoles, que todavía no recibían el Espíritu Santo, dudaron de si Dios estaba enterado de lo que estaba sucediendo. Al respecto, en Mateo 8:23-24 (NTV) se narra:

> Luego Jesús entró en la barca y comenzó a cruzar el lago con sus discípulos. De repente, se desató sobre el lago una fuerte tormenta con olas que entraban en el barco; pero Jesús dormía. Los discípulos fueron a despertarlo: «Señor, ¡sálvanos! ¡Nos vamos a ahogar!», gritaron.

Después de la resurrección de Jesús, de manera similar Pablo, un hombre con un corazón conforme al de Dios Shamma, no se bajó tampoco del barco y le prometió a la tripulación llena de pavor que no pasaría nada porque el Señor estaba con él, como está escrito en Hechos 27.

Las mujeres conforme al corazón Shamma de Dios estamos firmes hasta el final, como Shimon Peres y Pablo. Aprendemos a estar cuando todo son rumores de guerra, pestes, tragedias, chismes y malos entendidos. No colgamos la toalla, como dice el dicho popular mexicano. Con valentía y con la gracia del Espíritu soportamos el temporal porque hay otros que van en el barco y dependen de nuestra confianza en Dios. El Señor Shamma va adentro a través de nosotras, sin importar si la prostituta del Apocalipsis gobierna sobre mucha gente:

> Uno de los siete ángeles que derramaron las siete copas se acercó y me dijo: «Ven conmigo y te mostraré la sentencia que recibirá la gran prostituta, que gobierna sobre muchas aguas. Los reyes del mundo cometieron adulterio con ella; y los que pertenecen a este mundo se emborracharon con el vino de su inmoralidad».
>
> Entonces el ángel me llevó en el Espíritu al desierto. Allí vi a una mujer sentada sobre una bestia de color escarlata que tenía siete cabezas y diez cuernos, y estaba llena de blasfemias escritas contra Dios. La mujer estaba vestida de púrpura y escarlata y llevaba puestas hermosas joyas de oro, piedras preciosas y perlas. En la mano tenía una copa de oro llena de obscenidades y de las inmundicias de su inmoralidad. Tenía escrito en la frente un nombre misterioso: Babilonia la grande, madre de todas las prostitutas y obscenidades del mundo. Pude ver que ella estaba borracha, borracha de la sangre del pueblo santo de Dios, es decir, de los que testificaron de Jesús. Me quedé mirándola totalmente asombrado.
>
> «**¿Por qué te asombras tanto?** —preguntó el ángel—. Te explicaré el misterio de esta mujer y de la bestia con siete cabezas y diez cuernos sobre la que ella está sentada. La

bestia que viste antes vivía, pero ya no. Sin embargo, pronto subirá del abismo sin fondo e irá a la destrucción eterna. Los que pertenecen a este mundo, cuyos nombres no fueron escritos en el libro de la vida antes de la creación del mundo, se asombrarán al ver la reaparición de esta bestia, que había muerto.

»Aquí se requiere una mente con entendimiento: las siete cabezas de la bestia representan las siete colinas donde la mujer gobierna. También representan siete reyes: cinco reyes ya han caído, el sexto reina actualmente, y el séptimo todavía no ha llegado pero su reino será breve.

»La bestia escarlata que existía, pero ya no existe, es el octavo rey. Este rey es como los otros siete, y él también va rumbo a la destrucción. Los diez cuernos de la bestia son diez reyes que todavía no han subido al poder; pero estos serán designados como reyes por un breve momento para reinar junto con la bestia. Los diez estarán de acuerdo en entregarle a la bestia el poder y la autoridad que tienen. Irán juntos a la guerra contra el Cordero, pero el Cordero los derrotará porque él es el Señor de todos los señores y el Rey de todos los reyes. Y los que él ha llamado y elegido y le son fieles, estarán con él».

Luego el ángel me dijo: «Las aguas donde la prostituta gobierna representan grandes multitudes de cada nación y lengua. Tanto la bestia escarlata como sus diez cuernos odian a la prostituta. La desnudarán, comerán su carne y quemarán con fuego lo que quede de ella. Pues Dios le ha puesto un plan en la mente, un plan que llevará a cabo los propósitos de Dios. Ellos estarán de acuerdo en entregarle a la bestia escarlata la autoridad que tienen y así se cumplirán las palabras de Dios. La mujer que viste en la visión representa la gran ciudad que reina sobre los reyes del mundo» (Apocalipsis 17, NTV).

Capítulo 20

Un corazón que edifica, anima y consuela conforme al de Dios

> Luego me fijé en tanta opresión que hay en esta vida. Vi llorar a los oprimidos, y no había quien los consolara; el poder estaba del lado de sus opresores y no había quien los consolara. Y consideré más felices a los que ya han muerto que a los que aún viven...

¡Qué tremenda percepción del autor de Eclesiastés 4:1 de lo que sucede en el mundo!, junto con un tono depresivo y lógico que se aprecia al leer dichas líneas, pero que también producen una interrogante: ¿por qué habrán quedado escritos los versos anteriores en la Biblia? ¿Será un llamado a procurar la consolación, en todo sentido? ¿Pero cómo? ¿Se tratará solo de una interpretación particular? ¡No!, porque en 2 Pedro 1:20-21 (NVI) dice así:

> Ante todo, tengan muy presente que ninguna profecía de la Escritura surge de la interpretación particular de nadie. Porque la profecía no ha tenido su origen en la voluntad humana, sino que los profetas hablaron de parte de Dios, impulsados por el Espíritu Santo.

Uno de esos profetas hebreos era Jeremías y, producto de sus lamentaciones, varias de las hojas de sus libros debieron quedar manchadas por sus lágrimas. Pero entre esos mismos escritos también había páginas para reconfortar los abatidos estados de ánimo del pueblo de Dios. Por lo tanto, la falta de consuelo quizá se deba a que se presta poca atención a los profetas y a sus profecías, pues el intelecto, hermanado con la lógica humana, dictarán de continuo lo mal que se ven siempre las cosas.

Por lo demás, el mundo lo resuelve muy fácil añadiendo a sus textos los famosos emojis: una carita enojada, una carita triste, una carita de miedo, una carita enrojecida, una carita soplando besos, una carita con lentes, etc. Por eso hay tantas mujeres oprimidas y con falta de consuelo en el Cuerpo de Cristo. Y como «cada cabeza es un mundo», según la filosofía popular, las personas interpretan las caras de otros y las circunstancias a su alrededor de forma diferente, ¡pudiéndose equivocar hasta con los mismos emojis! Pero para evitar las simplificaciones emocionales modernas está la profecía de 1 Corintios 14-3: «En cambio, el que profetiza habla a los demás para edificarlos, animarlos y consolarlos».

En consecuencia, ¿qué pasaría si en lugar de enviar un emoji, mandas una profecía en un mensaje? ¿O si en vez de interpretar de manera particular un emoji, consuelas con una oración al remitente? Porque, aunque la función principal de los emojis es rellenar las señales emocionales, que de otro modo faltarían en la conversación escrita, la palabra de Dios es viva y poderosa. Es más cortante que cualquier espada de dos filos, penetra entre el alma y el espíritu, entre la articulación y la médula del hueso; deja al descubierto nuestros pensamientos y deseos más íntimos, como enseña Hebreos 4:12.

Pero eso no es todo, también es útil para enseñarnos lo que es verdad y para hacernos ver lo que está mal en nuestra vida. Nos corrige cuando estamos equivocados y nos enseña a hacer lo correcto. Dios la usa para preparar y capacitar a su pueblo para que haga toda buena obra, como está escrito 2 Timoteo

3:16. Ambos versos se encuentran registrados en las Escrituras para una mejor comprensión y una aplicación más práctica.

«¡Pero si profetizo lo voy a hacer mal! ¿Y si me equivoco?», podrías pensar.

Bueno, pues, lo vamos a hacer de manera imperfecta, como 1 Corintios 13:9 (NVI) muestra: «Porque conocemos y profetizamos de manera imperfecta; pero cuando llegue lo perfecto, lo imperfecto desaparecerá».

En virtud de lo anterior, las mujeres conforme al corazón de Dios no tenemos que preocuparnos más. Podemos profetizar de forma parcial y cometer errores sin dudar de haberlo hecho mal o bien, porque el que nos inspira es el perfecto Espíritu Santo que habita en nuestros corazones. Aun si no conocemos en su totalidad la Palabra de Dios, solo una porción que parafraseemos para edificar, animar o consolar, y que creamos en ella, nos hace conducirnos con un corazón de profetas como el de Dios, ya que Jesús era profeta, como lo señaló Moisés: «El Señor su Dios hará surgir para ustedes, de entre sus propios hermanos, a un profeta como yo; presten atención a todo lo que les diga».

En efecto, Jesús no anduvo mandando emojis, sino anunciando la verdad, porque el significado bíblico de la palabra *profeta* se deriva del hebreo compuesto por los vocablos *nabi*, que indica al que es 'inspirado por Dios'; y *roéh*, que significa 'vidente'. De modo que *profeta* es 'el que mira a través de Dios'.

En griego, la palabra *profetizar* está formada por tres componentes léxicos, que son el prefijo *pro-* ('antes'), *phemi* ('yo digo') e *izien* ('convertir en'). Así podemos profetizar lo que dice el Señor en el Antiguo y en el Nuevo Testamento, porque toda la Escritura es inspirada por él.

Desde luego, hay mujeres que pueden argumentar, según el *Diccionario de la Lengua Española* (RAE), que la profecía solo se trata de un «don sobrenatural que consiste en conocer por la inspiración divina las cosas distantes y futuras», limitándose a esperar mientras llegan los que tienen dicho don para hacerlo.

De cualquier forma, si en el contexto bíblico existe el don de la profecía, hay que ambicionarlo. Por lo demás, también existen profetas falsos y el Nuevo Testamento los exhibe para nuestro cuidado. Según el libro del profeta Jeremías, Dios escribe sus palabras en nuestro corazón y de la abundancia de este hablará nuestra boca, como enseña el rey Salomón. Poder de vida o de muerte para comer de sus frutos.

Las mujeres con un corazón que edifica, anima y consuela conforme al de Dios, comemos de los frutos de la Palabra de Dios cuando nos la profetizamos a nosotras mismas, a las circunstancias y a las personas que nos rodean. No somos escasas enviando solo un emoji en nuestros mensajes de texto; ensanchamos el espacio de nuestra carpa y desplegamos las cortinas de nuestra morada. No nos limitamos, alargamos nuestras cuerdas y reforzamos nuestras estacas, porque a derecha e izquierda nos extendemos al creer que tenemos un corazón de profeta conforme al de Dios. De esa forma consolaremos a un mundo que no medita con el corazón, que digiere todo lo que se sirve en la mesa de los demonios e interpreta de errónea manera, solo con el razonamiento, las circunstancias y las caras de las personas.

Capítulo 21

Un corazón digno y fuerte conforme al de Dios

Instrucciones para la vida, por el Dalai Lama, líder religioso de las escuelas budistas:

- Toma en cuenta que un gran amor y grandes logros involucran grandes riesgos.
- Cuando pierdas, no olvides la lección.
- Sigue las 3 erres: respetarse a uno mismo, respetar a otros y responsabilizarnos por todas nuestras acciones.
- Recuerda que no puedes obtener lo que quieres; a veces puede ser un maravilloso golpe de suerte.
- Aprende las reglas para que sepas cómo romperlas de la forma apropiada.
- No permitas que una pequeña disputa dañe una gran amistad.
- Cuando te des cuenta de que cometiste un error, toma el paso inmediato para corregirlo.
- Abre tus brazos al cambio, mientras no dejes ir tus valores.
- Recuerda que el silencio es a veces la mejor respuesta.
- Vive una vida honorable. Después, cuando seas viejo y mires atrás, estarás capacitado para vivir por segunda vez.
- Una atmósfera de amor en tu casa es el fundamento para la vida.

- En desacuerdos con los seres amados, trata solo con las situaciones presentes. No traigas a discusión el pasado.
- Comparte tu conocimiento; es una forma de acabar con la inmoralidad.
- Una vez al año, ve a algún lugar donde nunca has ido antes.
- Recuerda que la mejor relación es aquella en la que tu amor por el otro no excede tu necesidad de él.
- Juzga tu éxito por lo que tienes que soltar, no por lo que tienes que lograr.

¡Qué fácil! ¡Qué romántico! ¡Qué bonito poder actuar así! Suena como el Corán o como los libros motivacionales. Sus dichos parecen muy dulces, pero después de leerlos te dejan peor. Te das cuenta de que suenan muy piadosos y que es utópico vivir así. Por eso solo son frases y discursos con buenas intenciones, y que por añadidura se enfocan en el comportamiento, como si eso fuera el todo de la vida. Puros «haceres» y muchos «deberes».

Por tal motivo, el rey Salomón escribió en el Eclesiastés que la vida es absurda; para que nos preguntemos ¿por qué es así? Porque la vida cristiana no es hacer, sino ser. Tiene que ver con mañana y noche meditar en quiénes somos. Las mujeres conforme al corazón de Dios ya somos santas, pero también estamos en un proceso de santificación en el que vamos comprendiendo de qué material estamos hechas para poder pensar de nosotras mismas con cordura. Por ejemplo, nuestra dignidad tiene que ver con aceptarnos como Dios dice que somos, junto con el reconocimiento de nuestras debilidades, que atraen la fortaleza de Dios a nuestra vida. Por eso en Joel 3:10b (RVR1960) está escrito: «... diga el débil: Fuerte soy».

No obstante, el mundo te vende lo contrario. Por eso la psicología Adleriana o Individual enseña que los pacientes desarrollan un esfuerzo individual para superar sus debilidades por medio de un mecanismo llamado compensación. Luchan de manera constante para mejorar sus vidas; muchos sufren por sentimientos de inseguridad y cuando no logran superarlos, desarrollan un profundo complejo de inferioridad que los incapacita para enfrentar su realidad.

Al respecto, en Salmos 32:8 el Señor dice: «Yo te instruiré, yo te mostraré el camino que debes andar, yo te daré consejos y velaré por ti». Aunque en ocasiones el que Dios nos muestre el camino se malentienda, como en la Versión Reina Valera, que dice: «Sobre ti fijaré mis ojos». Entonces tendemos a pensar: ¡guau!, ¡qué bonito suena!, ahora ya sé que el camino que tengo que seguir es servir y usar mis dones. Mmm..., mejor no, es obedecer y hacer sacrificios. ¿O tal vez evangelizar y ganar multitudes para Cristo? ¿Quizá ser una esposa sumisa y una mamá encantadora con mis hijos?

Así pueden brincar en nuestra mente muchos argumentos que nos harán sentir por un tiempo que nos hemos convertido en mujeres de Dios, fuertes y dignas debido a lo que hacemos. Pero el camino no es así, se llama Jesús. Él mismo lo dijo en Juan 14:6 (NTV): «Yo soy el camino, la verdad y la vida...».

De tal manera que la dignidad nos la da el Señor y no lo que hacemos; mucho menos el juicio del hombre sobre nuestra actuación en la vida. En el caso de una mujer virtuosa o ejemplar, ella no es digna por lo que hace. ¡Para nada!, ella tiene que forjarse un escudo de dignificación para afrontar segura el porvenir, como lo enseña Proverbios 31:25; entendiéndose que el verbo revestir implica reconocer sus debilidades junto con su capacidad para hacer el mal. Por eso busca el vestido de la fuerza y la dignidad para enfrentar el día, como las mujeres que reconocen que son friolentas y enfermizas regresan a su casa por el suéter, sin importarles cómo se encuentre el clima. De tal modo las creyentes necesitamos todos los días tomar conciencia de que tenemos un corazón fuerte y digno conforme al de Dios, gracias a todo lo que nos ofrece el trabajo terminado de Jesús en la cruz.

Pero ¿cómo te vistes de fuerza y dignidad? ¿Dónde se compran esas prendas? ¿En una tienda departamental, en línea, o en una boutique? La pregunta es buena, ya que como el vestido de una mujer fuerte y digna no es físico, eso nos ayuda a revisar con frecuencia si lo traemos puesto; en especial si checamos siempre lo que estamos pensando de nosotras mismas. Si el juicio negativo sobre nuestra conducta, personalidad, físico, bienes materiales, defectos y la preocupación sobre cómo debería ser el comportamiento de nuestros seres queridos ha llenado nuestro corazón, entonces no nos habremos revestido ni de fuerza ni de dignidad.

Aun así, Dios sí nos ve fuertes y dignas porque nos observa a través de la redención de Cristo. Él estableció que cuando recibiéramos a Jesús en nuestro corazón como Señor y Salvador, el poderoso Espíritu Santo nos habitara y que el perdón de todos nuestros pecados mediante el derramamiento de la sangre de Jesús nos dignificara. Por lo tanto, él no sufre ni se estresa desde el cielo para hacernos mujeres resistentes y valiosas; tal como una perla no intenta ser perla, una esmeralda no intenta ser esmeralda, un zafiro no intenta ser zafiro ni un rubí ser rubí. Solo son piedras de gran valor en cualquier época de la historia o lugar del mundo. Por eso en el libro de Proverbios las hijas de Dios somos comparadas con las piedras preciosas.

Por supuesto, hay que reconocer que la joyería de fantasía sí intenta parecerse a esas piedras preciosas; por eso existen los expertos que revisan la autenticidad con su lupa de joyero y de igual manera hace el Padre celestial cada vez que el diablo nos acusa. Saca su lupa, que se llama Emmanuel, Dios con nosotros, y nos ve fuertes y dignas. Pero cuando no persuadimos a nuestro corazón de ello, volveremos a enjuiciarnos a nosotras mismas y eso nos llevará de nuevo a las obras muertas, convirtiéndose en una trampa o un círculo vicioso que nos hace muy difícil percibirnos como mujeres fuertes y dignas.

Ninguna mujer es fuerte y digna por lo que hace a los ojos de Dios, sino por lo que cree. Por esa razón el perfil de la conducta de una hija de Dios no es romántico ni fácil. Es una lucha por creer con todo el corazón y no con su intelecto sobre *quién* la hace fuerte y digna.

El mismo Señor Jesucristo, al hacerse hombre, se sabía muy valioso para el Padre; fue a la cruz confiando en que no iba a ser tirado a la basura en un cementerio por ser chafa. Creyó en la gracia, que es el poder que le daba el Espíritu Santo; su corazón se hinchó de fortaleza y no de buenas intenciones y caminó con humildad hacia el Calvario. Luego el Padre lo dignificó y nombró Rey de Reyes y Señor de Señores. Aunque él pudo haber creído todo lo que le gritaba la multitud cuando lo veían feo, lo condenaban, insultaban, escupían y maltrataban.

Lo antes mencionado propicia una breve digresión para conectar con la obra del escritor Norman Vincent Peale, clérigo americano protestante, pastor de la Marble Collegiate Church, de Nueva York, y autor de *El poder del pensamiento positivo*, quien expresó la famosa frase: «Cambia tus pensamientos y cambiará tu mundo».

Para finalizar, en el Antiguo Testamento el Señor tenía que hablar fuerte cuando sus profetas, por la persecución que sufrían, eran muy tentados a creer que eran débiles e indignos de su llamamiento. Por eso Dios les recordaba de qué estaban hechos: «¡Te haré inquebrantable como el diamante e inconmovible como la roca!» (Ezequiel 3:9, NVI).

Gracias a los que tomaron su identidad en esa revelación, hoy tenemos promesas de la misma naturaleza, como la de Nehemías 8:10b (NVI):

> **... No estén tristes, pues el gozo del Señor es nuestra fortaleza.**

Capítulo 22

Mujeres solteras conforme al corazón de Dios

Las mujeres conforme al corazón de Dios somos descendientes de él, como afirmó Pablo en Atenas: «"Puesto que en él vivimos, nos movemos y existimos". Como algunos de sus propios poetas han dicho: "De él somos descendientes"» **(Hechos 17:28, NVI).**

Pese a que eso significa que somos bienaventuradas y estamos saciadas de su justicia, en muchas ocasiones las hijas de Dios vivimos a la defensiva por causa de nuestras «limitaciones». Aunque Dios puede estar hablando a nuestro corazón, también es cierto que hay una memoria celular que nos traiciona, que nos orilla a usar la mente carnal para interpretar de modo limitado cualquier problema que enfrentamos e impide que percibamos la luz a la que fuimos trasladadas cuando recibimos a Jesús como Señor y Salvador. En Colosenses 1:13 (NVI) se expresa con exactitud: «Él nos libró del dominio de la oscuridad y nos trasladó al reino de su amado Hijo». En 1 Pedro 2:9 (RVR1960), se destaca también: «Pero ustedes son linaje escogido, real sacerdocio, nación santa, pueblo que pertenece a Dios, para que proclamen las obras maravillosas de aquel que los llamó de las tinieblas a su luz admirable».

Por lo tanto, *Mujeres conforme al corazón de Dios* es un libro que nos ayuda a identificar o renovar las creencias atesoradas en nuestro corazón de acuerdo a las de Dios; como fueron también en el corazón del rey David. Pero para seguir creciendo en dicho menester, es importante observar cómo nos percibimos a nosotras mismas, en función de que siempre estamos interactuando con el mundo, y recordar que nuestro potencial para el éxito o el fracaso no está basado en lo que el mundo piensa de nosotras, sino en cómo interpretamos lo que sucede a nuestro alrededor.

De esa forma se crea una especie de programa o *software* que se mete en nuestro corazón, que es la computadora que lo almacena. Por diseño, estamos interconectadas con nuestro cerebro y sus códigos; aun así debemos tener cuidado, pues el tener un corazón conforme al de Dios puede convertirse en una buena teoría intelectual, pero seguiremos recibiendo más de la información que dictan nuestras células, con la cual van a seguir reproduciéndose, y caminaremos con las mismas limitaciones que no permiten que nos sintamos fuertes y dignas para enfrentar la vida con sus desafíos y problemas.

Además, en muchas ocasiones las mujeres copiamos a otros con meticulosidad, obteniendo los mismos resultados que ellos, sean buenos o malos. Lo que creemos de nosotras mismas determina lo que hacemos; por ende, para no duplicarnos en todo lo que cree el sistema de este mundo, en Hechos 21:8-9 (NVI), la Biblia nos deja este ejemplo: «Al día siguiente salimos y llegamos a Cesarea, y nos hospedamos en casa de Felipe el evangelista, que era uno de los siete; este tenía cuatro hijas solteras que profetizaban».

Estas mujeres vivieron dentro de un ambiente político-religioso, una ciudad llamada Cesarea en honor al César, residencia de gobernadores romanos, y donde habitaban juntos sirios y judíos. Se trataba también de un puerto con una de las cualidades más importantes en la región: su belleza arquitectónica, lo que la hizo una de las ciudades más atractivas de la época. Estaba tan bien edificada que era conocida como la «pequeña Roma»; lo que, como suele suceder, con facilidad pudo causar que las personas adquirieran la cultura de tan característico lugar y tomaran de allí su valor e identidad.

Sin estar casadas, las hijas de Felipe se atrevieron a cambiar el *software*. Tenían un corazón de profeta conforme al de Dios y fue lo que determinó su estilo de vida. Gracias a ello, no se vieron como unas limitadas judías religiosas más y tampoco quedaron borrados sus testimonios cuando el autor del libro de Hechos de los apóstoles lo redactó. Si están registradas allí es porque con fortaleza y dignidad enfrentaron la persecución de su fe, como la sufrieron muchas mujeres de la Iglesia primitiva cuando el Imperio romano las persiguió, hasta su caída.

Las Escrituras nos dejaron el legado de estas cuatro mujeres sabias que imitaron el pensamiento evangelista de su padre, participando junto a él con sus propios dones en lo que el Señor estaba haciendo en Cesarea a través de sus vidas. El que fueran solteras no impedía su fortaleza y honorabilidad. Según el apóstol Pablo, era mejor su situación porque así se podían desenvolver con mayor liberalidad, ya que el matrimonio es un desafío que conlleva el sufrimiento de compartir las debilidades del cónyuge al enfrentarlas juntos; lo que no sucede con las solteras.

En este caso, dichas mujeres se encontraban en una importantísima ciudad romana y es posible que con toda una ideología en contra de la mujer; pero aun así tuvieron éxito y por eso hoy nos inspiramos en su comportamiento, producto de lo que creían de ellas mismas en su corazón. Esto las diferencia de las mujeres que creen que ser solteras les impide gozar del valor y de la dignidad que otorga Dios gracias al trabajo terminado de Jesús en la cruz, y que, por consiguiente, les es más difícil lograr la prosperidad económica y social.

Por lo tanto, de la misma manera que en lo referido por Pablo, todas las mujeres solteras con un corazón conforme al de Dios necesitan también cuidar con diligencia su corazón para poder cambiar la realidad espiritual de su entorno. Ellas creyeron en sus dones y en el «llamamiento irrevocable», al que se alude en Romanos 11:29 (RVR1960), frente a la ideología contraria de su época.

¿Qué haría el mundo sin mujeres solteras conforme al corazón de Dios?

Capítulo 23

Un corazón responsable conforme al de Dios

¿Faltarán conceptos importantes para seguir conscientes, si ya disfrutamos de un corazón fuerte y digno conforme al de Dios? ¿Será necesario continuar revisando no solo por qué, sino para qué tenemos las mujeres dicho corazón?

Es evidente que el tema es muy conmovedor a causa de la dignificación que ofrece a la mujer. Sobre todo en esta época en la que ella anda buscando roles y actividades que hablen tanto de su fortaleza como de su valor. Sin embargo, nunca lo logrará compitiendo con los hombres ni recuperará su valor perdido recurriendo al lesbianismo o atentando contra su diseño. Al contrario, desde el punto de vista generacional producirá más dolor si en esa condición adopta hijos que sean instruidos por padres homosexuales en lugar de heterosexuales.

En el caso de las niñas adoptadas, un día serán adultas y habrá todavía más confusión sobre su cuerpo y el valor tan grande que Dios le dio a la mujer al crearla diferente al hombre. En Génesis 2:21-23 (NVI), se encuentra una extraordinaria descripción del cuidado que el Señor tuvo al formar a la mujer; al grado que no la hizo del árido polvo, sino de un hueso. Con ello, mostró su fragilidad, pero también su fortaleza:

> Entonces Dios el Señor hizo que el hombre cayera en un sueño profundo y, mientras éste dormía, le sacó una costilla y le cerró la herida. De la costilla que le había quitado al hombre, Dios el Señor hizo una mujer y se la presentó al hombre, el cual exclamó:
>
> «Esta sí es hueso de mis huesos y carne de mi carne. Se llamará "mujer" porque del hombre fue sacada».

De hecho, un hueso es la parte fuerte del sistema óseo del cuerpo para soportar muchos kilos, pero también sufre fracturas por causa de traumatismos; lo cual demuestra que no solo en lo físico, sino también en lo emocional, la mujer es diferente al hombre. Por lo mismo, su corazón requiere de cuidados especiales, uno de los cuales es la dignificación, que le permitirá enfrentar con éxito cualquier competencia, siempre y cuando no desconfíe de su valor.

Dentro de la disciplina deportiva de veleros y yates, conocida como regatas, hay una historia que ilustra este tema. Las regatas es una competencia olímpica de velocidad que involucra tanto embarcaciones a vela como de remo. Durante 132 años consecutivos, los equipos de Estados Unidos habían dominado la Copa Americana, el evento más prestigioso del mundo en esa especialidad, pero en 1983 un grupo de australianos decidió participar y su país obtuvo la victoria tras enfrentar ellos el desafío con sus propios recursos culturales y económicos, sin importar que su realidad psicológica y tecnológica no fuera tan fuerte como la de la primera potencia mundial.

Lo interesante de esta experiencia es que confluyeron dos factores que hicieron del equipo australiano ser ellos mismos con sus propios talentos, sin tener que ser como los estadounidenses. El primero fue que John Bertrand, marino y líder del grupo, no solo dio a los integrantes la preparación olímpica, sino que también intervino en sus condiciones psicológicas. Les enseñó a meditar con su corazón, su centro de mando, para verse llegar a la meta y ganar la copa. Es decir, gran parte del entrenamiento consistió en verse fuertes y dignos para lograr su sueño.

El otro factor fue la idea revolucionaria de Benny Lexcen, quien diseñó una quilla (la parte del casco que ayuda a mantener la estabilidad lateral del velero) diferente a la de todas las embarcaciones. Esa novedad los volvió más veloces y les permitió ganar. De hecho, en náutica, la quilla es la pieza más importante de la estructura sobre la que se construye un barco.

De la misma manera, la estructura más importante y resistente de una mujer es su corazón. Por eso no puede pensar igual a un hombre para sentirse fuerte y digna. Al contrario, mientras sea más diferente a él mejor se pueden apreciar sus cualidades y características femeninas; sin tener que denigrar o envidiar las del hombre. Aunque en efecto ambos sexos tendrán luchas, carreras, competencias y desafíos particulares, cada uno tendrá éxito con sus propios recursos dados por Dios.

En el caso de las regatas, estas embarcaciones se enrolan en una carrera como la de los coches, pero la diferencia es que enfrentan vientos y corrientes marinas favorables o adversas para poder llegar a la meta. Por lo tanto, el velero y su equipo necesitan mucho adiestramiento para poder participar en tan difícil competencia; tal como lo necesitamos las hijas de Dios en nuestra carrera de fe, en la que enfrentamos adversos vientos y corrientes de doctrinas antes de llegar a la meta. El apóstol Pablo escribió:

> **¿No saben que en una carrera todos los corredores compiten, pero solo uno obtiene el premio? Corran, pues, de tal modo que lo obtengan. Todos los deportistas entrenan con mucha disciplina. Ellos lo hacen para obtener un premio que se echa a perder; nosotros, en cambio, por uno que dura para siempre. Así yo no corro como quien no tiene meta; no lucho como quien da golpes al aire (1 Corintios 9:24-26, NVI).**

En este sentido, las mujeres necesitamos estar conscientes de que tenemos un corazón fuerte y digno como el de Dios, ya que la vida cristiana es una carrera que corremos bajo un diseño femenino, esperando llegar a la meta, debido a que el premio no solo será una copa de oro otorgada por los hombres, sino un premio que ofrece la dignidad eterna que nos otorgó el llamamiento que tenemos en Cristo Jesús, como se indica en Filipenses 3:13-16 (NVI):

> Hermanos, no pienso que yo mismo lo haya logrado ya. Más bien, una cosa hago: olvidando lo que queda atrás y esforzándome por alcanzar lo que está delante, sigo avanzando hacia la meta para ganar el premio que Dios ofrece mediante su llamamiento celestial en Cristo Jesús. Así que, ¡escuchen los perfectos! Todos debemos tener este modo de pensar. Y si en algo piensan de forma diferente, Dios les hará ver esto también. En todo caso, vivamos de acuerdo con lo que ya hemos alcanzado.

Claro que nuestra carrera no es dentro del mar, pero sí necesitamos pensar que la cancha es espiritual y para lograrlo se nos otorgó un corazón fuerte y digno. Aunque no hayamos llegado todavía a la meta, por la fe podemos ver que ya la hemos alcanzado, como le enseñó el capitán Bertrand a su equipo. Según se narra en la historia, estuvieron a punto de perder, pero les ganaron a los poderosos estadounidenses por una mínima diferencia. Luego de obtener la copa, le preguntaron al capitán si volvería a competir y respondió: «Con una vez era suficiente para que el equipo australiano comprobara que como nación también podíamos ser campeones mundiales». ¡Y lo lograron!

Mujeres conforme al corazón de Dios, ¿qué estamos llamadas a lograr, siendo salvas del infierno, y sin estar enemistadas con Dios? Según la Palabra de Dios, es compartir nuestra fe; es decir, evangelizar un mundo que sufre por abrazar las ideologías del diablo. También conquistar las promesas del Señor para nosotras, nuestras familias, ministerios y economías. No será fácil, porque Satanás tiene cautiva a la gente que lo sigue, razón por la cual les cuesta trabajo entender cuando les hablamos del amor de Dios al enviar a su Hijo para salvar al mundo. A nosotras nos mentirá siempre para que no nos consideremos merecedoras de disfrutar todas las bendiciones que Dios nos ofrece. Por eso es todo un desafío y se necesita fortaleza para hablar de Jesús, «aunque te manden por un tubo o piensen que eres una loca religiosa»; y dignidad para esperar que por los méritos de Cristo podamos esperar el cumplimiento de sus promesas de bendición de todo tipo, mientras estamos en esta tierra.

Ahora bien, quien se siente indigna no cree que Dios la quiera bendecir y espera la maldición; pero en la vida de la redimida no hay razones para que esa imprecación llegue porque «sin motivo, la maldición no llega a su destino», como apuntó el rey Salomón.

Por otro lado, es bueno tener salud y fuerzas para limpiar la casa, cuidar los niños, hacer ejercicio, realizar nuestro trabajo y miles de actividades más; pero el vigor que necesitamos para enfrentar seguras el porvenir, como enseña Proverbios 31, proviene de las creencias de nuestro corazón y no de nuestro diseño físico. Por ello, el defender nuestra fe en Cristo Jesús y dirigir nuestro velero con una quilla que abrace los principios de la Palabra de Dios incluirá reprobar la homosexualidad, estar en contra del aborto, denunciar a los pederastas, desaprobar el consumo de marihuana, las nuevas plagas y estar en contra de la pobreza económica santificadora, entre otras perversidades más.

Habrá fuertes vientos en contra y corrientes marinas tratando de voltear nuestra embarcación, pero la palabra de Dios y la oración serán vientos a favor. Junto con la gracia del Espíritu Santo controlarán la nave y nos llevarán a la meta no solo a la celestial, al morir, sino también a las terrenales, porque el Señor nos lleva de triunfo en triunfo y de victoria en victoria. Está escrito así dos veces en el Nuevo Testamento, a la iglesia de Corintio:

> **¡Pero gracias a Dios, que nos da la victoria por medio de nuestro Señor Jesucristo! Por lo tanto, mis queridos hermanos, manténganse firmes e inconmovibles, progresando siempre en la obra del Señor, conscientes de que su trabajo en el Señor no es en vano (1 Corintios 15:57-58, NVI).**

Y en 2 Corintios 2:14 (NVI), lo confirma: «Sin embargo, gracias a Dios que en Cristo siempre nos lleva triunfantes (victoriosos) y, por medio de nosotros, esparce por todas partes la fragancia de su conocimiento».

Todo en virtud de que está profetizado desde el Antiguo Testamento y escrito en Isaías 59:19 (NBLA): «Y temerán (reverenciarán) desde el occidente el nombre del Señor. Y desde el nacimiento del sol su gloria; porque él vendrá como torrente impetuoso, que el viento del Señor impulsa».

Capítulo 24

Un corazón sin desgaste conforme al de Dios

«Isabel II, una reina irremplazable», decía el encabezado de una famosa revista acerca de una mujer que durante siete décadas vivió una vida de servicio a su nación. Pero no siempre fue así, ella era una mujer recién casada que en el año de 1952 ya estaba de luto tras la muerte de su padre. La joven sucesora al trono se hizo cargo de sus responsabilidades con gracia. Mientras aceptaba su destino, sentada en su oficina, su secretario particular le preguntó con qué nombre reinaría y ella contestó: "Con el mío, por supuesto"».

Cuando ella tenía nueve años, su tío había ocupado el trono como Eduardo VIII, según lo planeado, pero en menos de un año abdicó para casarse con una mujer divorciada dos veces. De esa manera, el padre de Isabel se convirtió en rey, asumió la monarquía y ella quedó en la línea hereditaria británica.

«Su devoción eterna», como cita la referida revista, y el ser un ícono de la moda la hicieron una reina valiente y elegante para toda ocasión, porque consideraba su compromiso como monarca un deber sagrado. ¡Qué fuerza habrá tenido que tener para usar su don de reina por más de 70 años! Su primer acto valiente e intrépido fue en 1945, al convertirse en la primera mujer de la familia real en servir a tiempo completo en el Ejército británico, como chofer de camiones y

mecánica automotriz. Al terminar la guerra, ese mismo año, se puso su uniforme y se coló entre la multitud que celebraba el fin del conflicto.

En cuanto a sus creencias, la reina Isabel nació bajo la cobertura espiritual de la Iglesia anglicana, que no aceptó la evolución de la Iglesia católica, sino que decidió creer que solo hay un Dios eterno en tres personas: el Padre, el Hijo y el Espíritu Santo; además de confesar que Jesucristo es completamente Dios y se hizo también hombre por completo. Por lo tanto, si un grupo religioso no enseñaba estas dos doctrinas de los anglicanos, no lo reconocían como cristiano.

¿Cuánta persecución habrá tenido por aquellos que no comulgaban con la monarquía? ¿Cuántas luchas personales habrá tenido también por la cascada de conflictos políticos y económicos de su país, o por las tendencias de culturas «machistas»? Aun así, siempre posaba con dignidad ante las cámaras y sufría en silencio los escándalos de su familia publicados en los periódicos, ya que no solo tuvo un llamado como reina, sino también como esposa y madre de cuatro hijos.

Por lo mismo, cuando una mujer se reviste de fuerza y dignidad, afronta segura el porvenir como lo hizo ella, y un día son reconocidos sus logros de forma pública, como fue en la noticia de su muerte. Muchos mandatarios de diversos países del mundo despidieron su cuerpo, dejando un ejemplo muy diferente al del tío que abdicó.

Por causa de tener su esposo que menguar, es obvio que su matrimonio no debió haber sido fácil para que ella gobernara con sus dones, así como sus hijos tuvieron que compartirla con todo el Reino Unido de Gran Bretaña e Irlanda del Norte. No hay otra explicación, debió haber gozado de una fortaleza interior admirable y persuadido a su corazón de que su dignidad era debida a su investidura producto de su llamado; no de la buena suerte o la aprobación popular.

La incluimos en este libro porque el fruto de su reinado nos recuerda el fruto de una mujer conforme al corazón de Dios, que de modo incansable usa sus dones para bendecir a los demás y cuya lámpara no se apaga de noche hasta que ha completado todas sus labores. Completó su mandato a los 98 años de edad y en eso se parece a los siervos fieles, que cuando su maestro llega los encuentra sirviendo, como celebra Mateo 24:46 (NVI): «Dichoso el siervo cuando su señor, al regresar, lo encuentra cumpliendo con su deber».

Igual de dichosa se debe considerar una hija de Dios, que ha heredado un corazón de servicio conforme al de Dios, cuando sea llamada a su presencia, después de haber llegado a la medida de su fruto. Está claro que no nos toca saber los tiempos ni las razones de cuándo partirá cada quien, pero sí entender que el Señor nos cubre con la capacidad para cumplir con nuestro propósito en la vida, que, como ya hemos mencionado, está establecido en la Biblia y es irrevocable como sus dones.

¿Dónde se puede ver la fuerza de Dios en la mujer? Se ve reflejada no solo en su corazón, sino en cada uno de sus órganos. Sin cansarse, las rodillas nos sostienen; nuestro tracto digestivo cumple fiel su chamba sin parar; nuestros ojos no dejan de mirar dónde limpiar ni nuestros oídos de aprender. Las manos las usamos para infinidad de cosas y nuestros pies no se detienen de correr para trabajar y servir a los demás. Tampoco cesamos de arreglar nuestro físico porque tenemos el cuidado de agradar a nuestro marido y al mundo. Nuestra especialidad es la organización diaria, para que todo funcione bien en nuestro hogar, llamado y ministerio. A la vez, nunca dejamos de capacitarnos y usar el cerebro, más cuando leemos a diario la Palabra de Dios para nutrirnos el espíritu y otros libros que nos edifiquen. En fin, de continuo decidimos erguir la cabeza porque el sacrificio de Jesús en la cruz nos hizo reinas para él y merecedoras de sus promesas, mientras cuidamos sin tregua nuestro corazón, pues de él manan todos los asuntos de la vida.

Sin embargo, es lamentable que este siglo malvado tampoco descansa de descalificar a la mujer cuando ya no es joven. El diablo la convence de que su físico ya no es útil, que su matrimonio no es perfecto ni sus hijos y que, por lo tanto, sus dones y su llamado han quedado obsoletos. El acróstico de la mujer ejemplar de Proverbios 31 se vuelve un vago conocimiento intelectual y su corazón se marchita. Por eso el apóstol Pablo tuvo que exhortar de muchas maneras a la Iglesia cuando era engañada, y en ese sentido también al escribir en 2 Corintios 4:16 (NVI) lo siguiente: «Por lo tanto, no nos desanimamos. Al contrario, aunque por fuera nos vamos desgastando, por dentro nos vamos renovando día tras día».

¡Es difícil de creer ante un espejo que dicta lo contrario!, pero tenemos el caso de Sara procreando a los 90 años y a Noemí, ya grande, aconsejando a su nuera Ruth de que necesitaba «ponerse las pilas» porque iba a participar en la genealogía del Mesías; Ana, una mujer ya anciana y viuda que sirvió sin cesar en el templo esperando la llegada del Mesías.

En el Nuevo Testamento se menciona también a la abuela Loida (agradable o deseable, como el significado de su nombre) de Timoteo, discípulo del apóstol Pablo. Sin embargo, la envidia ataca y hace creer a la mujer que las jóvenes son más sabias e inteligentes, mientras su llamado se estanca y sus dones se empolvan. Su lógica no alcanza a comprender que millones de mujeres jóvenes en el mundo han decidido no acordarse de Dios en los días de su juventud y les espera un final muy triste. Dice en Eclesiastés 12:1-7 (NTV):

> No dejes que la emoción de la juventud te lleve a olvidarte de tu Creador. Hónralo mientras seas joven, antes de que te pongas viejo y digas: «La vida ya no es agradable».

> Acuérdate de él antes de que la luz del sol, de la luna y de las estrellas se vuelva tenue a tus ojos viejos, y las nubes negras oscurezcan para siempre tu cielo.
>
> Acuérdate de él antes de que tus piernas —guardianas de tu casa— empiecen a temblar, y tus hombros —guerreros fuertes— se encorven. Acuérdate de él antes de que tus dientes —esos pocos sirvientes que te quedan— dejen de moler, y tus pupilas —que miran por las ventanas— ya no vean con claridad.
>
> Acuérdate de él antes de que la puerta de las oportunidades de la vida se cierre y disminuya el sonido de la actividad diaria. Ahora te levantas con el primer canto de los pájaros, pero un día todos estos trinos apenas serán perceptibles.
>
> Acuérdate de él antes de que tengas miedo de caerte y te preocupes de los peligros de la calle; antes de que el cabello se te ponga blanco como un almendro en flor y arrastres los pies sin energía como un saltamontes moribundo y la alcaparra ya no estimule el deseo sexual. Acuérdate de él antes de que te falte poco para llegar a la tumba —tu hogar eterno— donde los que lamentan tu muerte llorarán en tu entierro.
>
> Sí, acuérdate de tu Creador ahora que eres joven, antes de que se rompa el cordón de plata de la vida y se quiebre la vasija de oro. No esperes hasta que la jarra de agua se haga pedazos contra la fuente y la polea se rompa en el pozo. Pues ese día el polvo volverá a la tierra, y el espíritu regresará a Dios, que fue quien lo dio».

Un olvido de Dios en su juventud le sucedió a Emanuela Orlandi, ciudadana del Vaticano, hija de familias que por generaciones sirvieron al papa. Vivían bajo su gobierno y reglas diferentes a las de muchos países, pero de alguna forma religiosas. A los quince años fue secuestrada y a la fecha lleva 37 años desaparecida.

Durante todo ese tiempo, investigadores privados y periodistas han tratado de esclarecer el caso acusando a la mafia italiana, al Vaticano, a los clérigos y demás. Sin embargo, su mejor amiga, ahora una mujer en sus cincuenta, pidió a la prensa italiana que la entrevistaran para informarles que ella tenía un secreto que nadie sabía. Informó que ella y Emanuela se escapaban de la Ciudad del Vaticano sin permiso de padres y autoridades, andaban en fiestas y con amigos a escondidas.

Noticias de internet dicen que su madre María, conocida como «la mamá de la chica del misterio del Vaticano», tiene 98 años y no se puede morir porque necesita despedirse de su hija o por lo menos llevarle flores a su tumba. ¡Todo un caos! Se buscan culpables por todos lados, pero surge la pregunta: ¿es ella la única? De hecho, es muy conocida la historia por todo lo que representa en cuanto a lo político y religioso, pero ¿cuántas jóvenes hay desaparecidas en el mundo y no pueden cumplir con sus dones ni llamamiento? Es posible que ya las hayan matado, otras estén perdidas en las drogas y el alcoholismo o estén sirviendo en casas de prostitución del otro lado del mundo, por no considerar a Dios ni los mandamientos de sus padres. Por lo tanto, se necesitan en el mundo madres revestidas de firmeza espiritual y moral para educar adolescentes rebeldes también, ¡por más desafiante que sea la tarea en este tiempo!

En cambio, la justa que se acordó de su Creador en los días de su juventud, o que ha nacido de nuevo en la vida adulta con un corazón de servicio conforme al de Dios, cuenta con una promesa contenida en Isaías 40:31 (NVI): «Pero los que confían en el Señor renovarán sus fuerzas; volarán como las águilas; correrán y no se fatigarán, caminarán y no se cansarán».

También en Salmos 92:14-15 (NVI), les promete el Señor: «Aun en su vejez, darán fruto; siempre estarán vigorosos y frondosos, para proclamar: "El Señor es justo; él es mi Roca, y en él no hay injusticia"».

En virtud de que un corazón fuerte y digno conforme al de Dios, no envejece. El cuerpo podrá sufrir desgaste por el uso, como lo sufre cualquier estructura que brinda un servicio, desde un coche hasta un edificio, y aun así se puede reparar y remodelar. Pero un corazón abatido que se siente viejo e inútil, ¿cómo lo arreglas?

¿Acaso habrá tenido algún secreto para la eterna juventud la reina Isabel II? Como se testimonia en su galería de fotos y en una de las series de televisión, narran sus biógrafos que conocía al evangelista Billy Graham y tenía una estrecha amistad con él. Por ende, cada vez que él viajaba a Inglaterra, la visitaba y le predicaba a su familia en la capilla privada del palacio, según informó en redes sociales el evangelista Wander García Peña.

Asimismo, cuando ella iba a Norteamérica pasaba a saludarlo para aprender más de sus predicaciones y consejos como siervo de Dios. Tal vez por cuestiones políticas e ideologías incrédulas, ni las revistas ni los noticieros incluirán en sus resúmenes el asunto porque se verían comprometidos sus intereses.

En el año 2020, otras fuentes publicaron que ella participaba en los hilos que estaban moviendo al mundo junto con el caso del adenocromo para distraer a la población mundial. Sin embargo, dice la Escritura que «por sus frutos los conoceremos» y que los justos «veremos a los malvados recibir su merecido».

Aunque este no fue el caso de esta reina, ya que su reinado nunca lo interrumpió el diablo. Al contrario, nos da la pauta para preguntarnos si ella habrá sido como la reina de Saba y la mujer ejemplar de Proverbios 31, a las que les gustaba aprender, escuchar consejos, dar regalos y, sobre todo, servir.

Capítulo 25

Un corazón *dunamis* conforme al de Dios

Manejando por un bulevar en la ciudad de Querétaro, pasé por una mueblería que tenía un gran espectacular que decía: «Mi casa es mi mundo». De inmediato, sentí una punzada en mi corazón. Como psicóloga, llevo muchos años sirviendo a Dios por medio de esta profesión y he tocado muy de cerca el dolor de las mujeres para las cuales su casa es su mundo.

En efecto, el diseño de una mujer es para hacer funcionar un hogar y para ello se requiere un inmueble, pero ni los que viven allí ni la construcción le pertenecen. Aunque tenga guardadas las actas de nacimiento de todos, porte el anillo de casada y tenga las escrituras de la casa bajo llave, no podrá tomar de ellos su identidad. Al contrario, del Señor es la tierra y su plenitud, el mundo y los que en él habitan. Ni siquiera nuestro corazón nos pertenece; este nos lo pide con respeto Dios, que es un caballero, y lo convierte en el templo para la morada de su Espíritu aquí en la tierra.

Entretenida en estas reflexiones, al día siguiente escuché una conferencia que trataba sobre el discernimiento de espíritus e iluminó mi entendimiento una frase que oí: «Mi casa será llamada casa de oración». El conferencista siguió con su tema, pero yo me quedé estacionada allí. Dicha frase se encuentra en el Antiguo Testamento, en Isaías 56:7 (NVI): «... los llevaré a mi monte santo; los llenaré de alegría en mi casa de oración».

También en el Nuevo Testamento, en Mateo 21:13 (NVI), declaró Jesús: «... Mi casa será llamada casa de oración».

Cabe destacar que la casa de una mujer no solo tiene que ver con una realidad física, sino también espiritual. En hebreo, la palabra *casa* tiene muchos significados, entre ellos 'corazón'. Y la raíz hebrea de la palabra oración es *tefila*, que significa 'conexión con Dios'. Por eso la oración profundiza la mente, enriquece el alma (emociones) y nutre el espíritu.

Esto podemos ilustrarlo con un celular, que se ha vuelto un artículo indispensable para los seres humanos y que no funciona si antes no se conecta con una fuente eléctrica. Se trata de un aparato tecnológico muy sofisticado, pero es forzoso que cuente con un dispositivo para conectarse y recargar la batería. De la misma manera, nuestro corazón es una casita que necesita conectarse con Dios por medio de su poderoso Espíritu Santo para poder funcionar. Cuando se conecta, una mujer ora y se recarga.

Al principio de este libro, nos preguntamos por qué David tenía un corazón conforme al corazón de Dios, y aprendimos que no fue por su comportamiento intachable, sino por la fe en el Señor en todo momento. Aun en tiempos de crisis, cuando tomó las peores decisiones de su vida, se conectó con Dios y su perdón. Igual que nosotras cuando vivimos por fe en Jesús como nuestro único y suficiente Señor y Salvador, y creímos que su sacrificio nos limpia de todo pecado y seguimos gozando de un corazón conforme al de Dios. Así como nuestras casitas o corazones son los lugares donde las hijas de Dios nos conectamos con él y no por bien portadas, ¡aleluya!

Incluso, en el libro más grande de la Biblia, en Salmos, encontramos muchas composiciones inspiradas en la gran cantidad de veces que David se conectaba con Dios. Le platicaba cómo se sentía, vaciaba su estrés y dolor sobre él, pero también durante dichas conexiones le agradecía por todas sus victorias e interpretaba todo lo que iba descubriendo de los atributos del Señor.

En la actualidad, conocer los salmos es fácil, porque ya tienen música y los cantamos, pero lo icónico de ellos es el fruto de la «conexión» de un mortal con Dios mediante su corazón. No obstante, cuando el corazón no se conecta con frecuencia con Dios a través de la oración, nos corrompen las charlas con nosotras mismas y nuestra antigua naturaleza pecaminosa conocida como «carne». Las malas conversaciones corrompen las buenas costumbres, nos advierte 1 Corintios 15:33.

En realidad, la carne o naturaleza pecaminosa se encuentra clavada en la cruz. Ahora estamos sentadas en lugares celestiales y nuestra vida está escondida en Cristo, como enseñó Pablo en Colosenses 3:1-3 (NVI):

> Ya que han resucitado con Cristo, busquen las cosas de arriba, donde está Cristo sentado a la derecha de Dios. Concentren su atención en las cosas de arriba, no en las de la tierra, pues ustedes han muerto y su vida está escondida con Cristo en Dios.

Por desgracia, la carne usa un megáfono, que son las emociones tóxicas que gritan después de que se nos ocurrió charlar con ella por medio de pensamientos negativos e incrédulos. Sin dejar de mencionar que el diablo, que es un ángel caído, con regularidad busca una oportunidad para meterse cuando nuestra casita está limpia, barrida y no hay nadie adentro, como enseñó el Señor Jesús y quedó escrito en Mateo 12:43-45 (NTV):

> Cuando un espíritu maligno sale de una persona, va al desierto en busca de descanso, pero no lo encuentra. Entonces dice: «Volveré a la persona de la cual salí». De modo que regresa y encuentra su antigua casa vacía, barrida y en orden. Entonces el espíritu busca a otros siete espíritus más malignos que él, y todos entran en la persona y viven allí. Y entonces esa persona queda peor que antes. Eso le ocurrirá a esta generación maligna.

Por consiguiente, sí existe un ambiente espiritual de maldad alborotado y lleno de demonios buscando corazones que secuestrar. Son las malvadas fiestas de Halloween y de Muertos, las compras de pánico del Buen Fin y después las «felices fiestas», donde nadie celebra a Jesús y el hombre disfrazado de Santa Claus consuela junto con las ofertas del Día de Reyes y sus estrategias mercadológicas, que vacían los bolsillos del consumidor en países católicos y los dejan cautivos con un sinfín de créditos asumidos. Sin dejar de mencionar todos los días festivos en un año que exaltan las profesiones o batallas históricas y que distraen a las personas de reconocer lo que manda el Salmo 115: «No a nosotros, no a nosotros, sino a tu nombre damos gloria...».

Por eso, con tenacidad y con cualquier pretexto que parece piadoso, Satanás busca insertar sus mentiras en el corazón de una hija de Dios que se conecta poco con Dios, o no se conecta porque su casa, su trabajo y sus múltiples actividades se lo impiden.

Todo lo que sucede a nuestro alrededor es un reflejo de un mundo espiritual que no vemos con los ojos, pero que intuimos con nuestro espíritu e imaginamos con nuestro corazón. Hay una dimensión que no alcanza a ver el telescopio ni alcanzará la ciencia, porque se trata del huerto del jardín del Edén, la primera casa del hombre en la tierra, en donde los siete días de la semana, las 24 horas del día, Adán y Eva estaban conectados con Dios hasta que decidieron independizarse del Señor, perdieron la «señal», como ahora decimos cuando no podemos conectarnos con el internet. El corazón se les endureció y quedaron confinados a todo lo visible del planeta Tierra, y no a lo invisible.

Ante tal tragedia, el Padre celestial sacrificó un cordero, tipo de Jesucristo, y los cubrió con sus pieles para que pudieran volver a conectarse con él cada vez que derramaban la sangre de un animal inocente; pero los estímulos del exterior no les fueron quitados. En ese entonces no existía Facebook ni Instagram y los ojos de Caín y su descendencia se concentraron en la tierra. Con sus fuerzas, acondicionaron cuevas para vivir hasta que se fueron construyendo cada vez más y mejores casas; a tan alto grado que hoy el orgullo humano son los grandes rascacielos donde la gente trabaja y vive.

Pero ni en sus *penthouses* en la cima ni en los helipuertos en la punta de ellos, en los que aterrizan los helicópteros, podrán echarse un chapuzón en el reino espiritual de Dios, donde sus calles de oro y mar de cristal son todo un oasis espiritual. Y lo más importante, en el cielo no hay estrés, tristeza ni llanto. El sol no nos va a quemar la piel, porque ni habrá, ya que la luz que resplandecerá será la del Cordero de Dios.

Una buena aproximación para discernir lo que no se ve, la puede hacer una mujer sabia que edifica su corazón cuando reconoce que tiene uno conforme al de Dios. Eso también equivale a concentrarse en lo que hay en el cielo, ya que en el plano espiritual ha comprendido que su existencia no es solo para su desarrollo profesional, limpiar una casa, criar hijos y vigilar a su esposo, sino para vivir con la intuición espiritual de que hay algo más importante: su corazón, la sede de Dios aquí en la tierra. Además, cuando lo abre y acepta que Jesús es el Hijo de Dios que murió por sus pecados y resucitó, el Espíritu Santo le es inyectado.

Suena raro, pero es una buena analogía para entender que se les imparte la naturaleza divina que les permite quedar conectada con ese *dunamis*, que es el poder de la Resurrección. De esa manera, podrán entonces operar en lo que en Romanos 12:12 (RVR1960) el apóstol Pablo escribió: «Gozosas en la esperanza, sufridas en la tribulación; constantes en la oración».

Capítulo 26

Un corazón de médico conforme al de Dios

Hay una película basada en la historia verídica de Oskar Schindler, en la que un empresario alemán intenta construir su imperio financiero gracias a las oportunidades de la guerra, pero que terminó involucrado en el rescate de 1200 judíos en peligro de ser exterminados con sus familias en los hornos de los campos de concentración nazis.

Schindler, que los empleaba como trabajadores en sus fábricas de utensilios de cocina y municiones, convirtió su empresa en un negocio de salvar vidas, armando refugios para los judíos y prisioneros que eran enviados como esclavos. Además de vender casi todo, sobornó a los alemanes para seguir rescatándolos y «comprando» sus vidas, incluso arriesgando la suya.

Cuando las fuerzas aliadas entraron en Europa, Schindler fue considerado un miembro del partido nazi y se vio obligado a huir de Alemania. «Diez vidas más habría podido salvar, si hubiera hecho más», se lamentó cuando partía. Muchos años después, en 1963, fue nombrado «Justo entre las Naciones» por el gobierno de Israel. Falleció en 1974 y fue enterrado en el Monte Sion, de Jerusalén, por su corazón para salvar judíos del enfermo régimen alemán de Hitler.

Hoy en día el mundo está igual de enfermo y se necesitan médicos con un corazón conforme al de Dios. Las hijas de Dios ya lo somos; tenemos un corazón de médico conforme al de él. El mismo Jesús, cuando vino a la Tierra dijo: «Los sanos no tienen necesidad de médico», para indicar que él tenía un corazón que venía a sanar a las personas. También Juan el Bautista, cuando estaba en prisión, oyó acerca de todas las cosas que hacía el Mesías. Entonces envió a sus discípulos para que le preguntaran a Jesús lo que se cita en Mateo 11:3-11 (NTV):

> **¿Eres tú el Mesías a quien hemos esperado o debemos seguir buscando a otro? Jesús les dijo: —Regresen a Juan y cuéntenle lo que han oído y visto: los ciegos ven, los cojos caminan bien, los que tienen lepra son curados, los sordos oyen, los muertos resucitan y a los pobres se les predica la Buena Noticia.**

Sin duda, Jesús vino al mundo para salvar a las personas del pecado y para que pudieran reconciliarse con Dios por medio de su muerte y resurrección. Pero al estar entre la gente, su corazón era de un médico compasivo que la sanaba. Eso le acarreó mucha tribulación, pero pudo estar gozoso en la esperanza y sufrido en la aflicción, al grado de que soportó la cruz por causa de todos aquellos que veía con su corazón de médico y que serían sanados del tormentoso infierno que sufrirían.

Antes de partir, les pidió a sus seguidores lo que está escrito en Marcos 16:15-18 (NTV):

> Entonces les dijo: «Vayan por todo el mundo y prediquen la Buena Noticia a todos. El que crea y sea bautizado será salvo, pero el que se niegue a creer, será condenado. Estas señales milagrosas acompañarán a los que creen: expulsarán demonios en mi nombre y hablarán nuevos idiomas. Podrán tomar serpientes en las manos sin que nada les pase y, si beben algo venenoso, no les hará daño. Pondrán sus manos sobre los enfermos, y ellos sanarán».

Jesús bien pudo haber dicho: «Ya hice mi chamba, compartan el Evangelio y chao, chao». Pero como tenía un corazón de médico, dejó instrucciones para que los creyentes que compartimos un corazón conforme al de él, continuemos esa gran comisión. Por tal motivo, las hijas de Dios, que heredamos un corazón de médico, llevamos sanidad a todo el mundo a través de la transmisión a otros de que el trabajo de Jesús en la cruz libra del pecado, reconcilia con Dios y ofrece salud espiritual, emocional y física.

Junto a esas instrucciones, Jesús también nos enseñó que regresaría por segunda vez y que su regreso sería como en los días de Noé, cuando antes del Diluvio la gente disfrutaba de banquetes, fiestas, casamientos y de continuo su pensamiento era el mal. Cuando menos lo esperemos, porque nadie más que el Padre sabe el día y la hora, él regresará. Ya no habrá vuelta de hoja y quienes no lo hayan reconocido como Señor y Salvador se irán al lago de fuego y azufre preparado para Satanás y sus demonios. El evento está descrito en Mateo 24 y confirmado en Apocalipsis 20 y Lucas 17.

En virtud de lo anterior, una mujer con un corazón de médico conforme al de Dios también ama llevar sanidad al mundo y sufrirá persecución por eso. De igual modo, el estar consciente de ello le hará comprender que necesita revestirse de la fuerza que transmite el *dunamis* del Espíritu y de la dignidad de considerarse amiga del Señor. Puesto que él, como a Abraham, nos comunicó todos sus planes, nos corresponde participar en ellos. Pero también podemos naufragar como Himeneo y Alejandro, creyentes que tipifican a todos aquellos que no creen que sea importante el compartir de la resurrección de Cristo, porque opinan como los gnósticos que Jesús ya regresó en espíritu por segunda vez. Así como también «protegen a los hombres» de incomodarse y tener que arrepentirse, pues eso significa el nombre de Alejandro.

Quizás podremos proteger a los hombres de todo, menos de Dios, que quiere salvarlos; como ha sucedido en los últimos años, en que a las personas no se les podía compartir el Evangelio ni enseñarlas en reuniones porque se les indicó que no podían estar aglomeradas. Así prosperó la Iglesia moderna de Cristo en línea. ¡Cuidado!

Las mujeres conforme al corazón de Dios no estamos yendo a hacer encuestas sobre refrescos de cola para ver qué le parece mejor a la gente. Tampoco creemos que el poderoso internet, con su información, es lo que necesita el mundo para sanar y vivir mejor. Las personas tienen muerta la conciencia y no estamos aquí para perder el tiempo discutiendo con otros creyentes sobre ideas mundanas y necias que se oponen a nuestra fe con su llamado «conocimiento». Muchos de ellos se han desviado de la fe por seguir semejantes tonterías.

Nosotras no nos avergonzamos de dar testimonio de nuestro Señor porque con el poder de Dios soportamos los sufrimientos del Evangelio. Pablo lo enseñó en las cartas que escribió a su discípulo Timoteo. Le explicó que sufría por evangelizar y enseñar, y hasta Figelo y Hermógenes, creyentes que Pablo esperaba que colaboraran con él para continuar sanando Asia con las buenas noticias, lo abandonaron por no querer sufrir persecución. Pese a esto, también les enseñó que los creyentes teníamos que ser buenos soldados de Cristo Jesús, descendiente de David, levantado de entre los muertos. Porque él había llegado incluso al extremo de sufrir llevando cadenas como criminal; pero como la Palabra de Dios no está encadenada, exhortó a la Iglesia, por medio de las referidas cartas a Timoteo, para expresar que todo lo soportaba por el bien de los elegidos, para que también ellos alcanzaran la gloriosa y eterna salvación que tenemos en Cristo Jesús.

Siguiendo con el hilo discursivo, las mujeres conforme al corazón de Dios necesitamos corregir a quienes son adversarios de Cristo con la esperanza de que Dios les conceda el arrepentimiento para que conozcan la verdad, despierten y escapen de la trampa en que el diablo los tiene cautivos, sumisos a su voluntad.

Estamos viviendo los últimos días y tiempos difíciles. La gente está llena de egoísmo y avaricia; son jactanciosos, arrogantes, blasfemos, desobedientes a los padres, ingratos, impíos, insensibles, implacables, calumniadores, libertinos, despiadados, enemigos de todo lo bueno, traicioneros, impetuosos, vanidosos y más amigos del placer que de Dios. Pero si nosotras, como Timoteo, permanecemos firmes en las Escrituras, estas nos darán la sabiduría necesaria para la salvación mediante la fe. Por eso la orden que dio Pablo a la Iglesia es igual a la que nos dejó Jesús: «Predica la palabra, persiste en hacerlo, sea o no oportuno, corrige, reprende y anima con mucha paciencia sin dejar de enseñar... Soporta los sufrimientos, dedícate a la evangelización, cumple con los deberes de tu ministerio» (2 Timoteo 4:2-5, NVI).

Desde luego, todas las mujeres que tenemos un corazón de médico para ayudar a sanar a un mundo enfermo por medio del Evangelio y la enseñanza de la palabra de Dios, sufriremos persecución y esa tribulación no se quitará. Pero hay personajes bíblicos, con un corazón conforme al de Dios, que también nos han precedido en dicho sentido, anteriores a David y al apóstol Pablo: Enoc, Matusalén y Noé.

Enoc, que al igual que Job dijo «Yo sé que mi Redentor vive»; creyó y vio en su corazón al Mesías. Era amigo del Señor, compartió su fe a su siguiente generación a través de Matusalén y desapareció porque fue llevado con Dios, como se refiere en Génesis 5. De igual forma, a nosotras, amigas de Dios que caminamos en intimidad con él, nos fue revelada su voluntad: que cuando Jesús venga por segunda vez desapareceremos y seremos llevadas con él, si es que no partimos antes.

En cuanto a Matusalén, el hombre que más ha vivido sobre la tierra, descendiente de Enoc, cabe hacerse estas preguntas: ¿será que, por honrar a su Padre Dios al compartir su fe, influenció a la generación de donde vendría el Mesías?; ¿será que por eso no le tocó ver la ira de Dios en el diluvio y vivió tantos años? ¿Representará acaso a las mujeres conforme al corazón de Dios, que no dejamos de compartir y enseñar nuestra fe? Y si no fuera así, ¿de qué manera Lamec, descendiente de Matusalén, influenció a Noé y este después compartió su fe por 120 años y construyó un arca para que la gente se salvara? Esta arca representa la Segunda Venida, que muchos rechazaron y rechazarán para quedar confinados a los hornos del infierno, que no dejarán de arder y enfermar a las personas porque allí nunca podrán tener comunión con Dios.

Enoc, Matusalén y Noé, quienes se encuentran en la genealogía de Jesucristo, fueron creyentes que, aunque no escucharon las instrucciones de Jesús cuando resucitó, en sus corazones decidieron creer en la promesa del Mesías por medio de la simiente de una mujer y por eso se encuentran en la galería de la fe del libro de Hebreos en el Nuevo Testamento. No estuvieron callados, vivieron por fe, lo cual agradó a Dios.

A su fe le acompañaron sus obras de vivir para reproducirse en otros y participaron en la obra de salvar y sanar al mundo, aunque se encuentren en el Antiguo Testamento, como dice en Hebreos 11:5-7 (NTV):

> Fue por la fe que Enoc ascendió al cielo sin morir; «desapareció porque Dios se lo llevó». Pues antes de ser llevado, lo conocían como una persona que agradaba a Dios. De hecho, sin fe es imposible agradar a Dios. Todo el que desee acercarse a Dios debe creer que él existe y que él recompensa a los que lo buscan con sinceridad. Fue por la fe que Noé construyó un barco grande para salvar a su familia del diluvio en obediencia a Dios, quien le advirtió de cosas que nunca antes habían sucedido. Por su fe, Noé condenó al resto del mundo y recibió la justicia que viene por la fe.

Para concluir, si en nuestro corazón no está compartir de Jesús y enseñar su Palabra a quienes nos lo permitan, de las diferentes maneras que podamos hacerlo, en realidad *Mujeres conforme al corazón de Dios* será una bonita teoría bíblica; en virtud de que solo por sus frutos se conocerá a una mujer conforme al corazón de Dios, que vive de acuerdo a lo que es en Cristo Jesús.

Tal vez no todas sabremos por dónde caminar con un corazón de médico que sane a otras mujeres; por eso les recomiendo mi libro *Mujeres que sueñan*, que contiene mensajes, estrategias y diferentes y sencillas maneras de presentar el plan de salvación, así como los materiales que con frecuencia publica el sitio web *Y los Bendijo Dios. Universidad* (https://www.ylosbendijodiosuniversidad.com).

En verdad, el Señor es un Dios del corazón, no de la inteligencia humana. Pero la gente no lo sabe, muchos ignoran que **Él habita** en una casa llamada corazón y cuando alguien anda tras Su corazón es porque quedó conformado al Suyo gracias al trabajo terminado en la cruz, que permitió nos compartiera Su naturaleza divina. Es eso lo que significa ser una mujer conforme al corazón de Dios, como lo fue David, cuya perfecta obediencia no fue lo que lo calificó como un hombre conforme al corazón de Dios, sino su discernimiento de que el Señor no ve lo que miran los hombres, sino que mira el corazón ¡junto con el de todas y cada de las que hemos leído este libro y hemos creído en lo mismo!

EDIQUID

www.ingramcontent.com/pod-product-compliance
Lightning Source LLC
LaVergne TN
LVHW041036150826
845672LV00001B/349

* 9 7 8 6 1 2 5 1 6 0 9 6 6 *